Anne Hollwöger/Wolfgang Seils

Spaß am Erfolg

Verlag PETER ERD · München

CIP-Titelaufnahme der Deutschen Bibliothek
Hollwöger, Anne:
Spaß am Erfolg / Anne Hollwöger ; Wolfgang Seils. –
München : Erd, 1991
ISBN 3-8138-0212-4
NE: Seils, Wolfgang:

Umschlaggestaltung: Barbara Klauer

Satz: Digital Satz und Druck GmbH, Schrobenhausen
Druck und Verarbeitung: Presse Druck Augsburg
Printed in Germany
ISBN 3-8138-0212-4

Inhalt

2. Kapitel

4. Kapitel

Vorwort
Vom Träumen

Alle Menschen träumen, wenn sie schlafen. Und wenn sie erwachen, verschwinden die Träume, und sie erinnern sich oft nicht mehr an sie.

Viele Menschen träumen auch, wenn sie wach sind

- von den Möglichkeiten, die sie nutzen würden,
- von persönlichem und beruflichem Erfolg,
- von den Chancen, die sie bräuchten,
- von der Freiheit, ihr Leben selbst zu gestalten,
- von persönlicher und finanzieller Unabhängigkeit,
- von einer schöneren Welt und einer besseren Zeit,
- von mehr Freizeit und höherer Lebensqualität,
- von einem Traumberuf und persönlicher Erfüllung,
- von einem Leben in Liebe und in Harmonie,
- von innerer Ruhe und Kraft,
- von ewiger Jugend und Gesundheit,
- von Freizeit, Spaß und Abenteuer,
- von einem glücklichen und erfolgreichen Leben.

Und wenn sie einschlafen, verschwinden ihre Träume, und sie erinnern sich oft nicht mehr an sie.

Dieses Buch ist für alle, die aus ihren Träumen Wirklichkeit werden lassen wollen und bereit sind, etwas dafür zu tun.

Wie und warum dieses Buch entstand

Bereits seit einigen Jahren bieten wir für unsere Seminarteilnehmer und Interessenten als täglichen Impuls den *Ein-Minuten-Erfolgstip* per Telefonansage an, der sich dann allerdings als »Geheimtip« sehr weit verbreitet hat. Und so hatten wir allein in den letzten 12 Monaten über 100000 Anrufer beim Erfolgstip.

Immer häufiger erhielten wir Anfragen, ob die Texte nicht als Tonbandcassetten erhältlich seien, um sie öfter hören zu können. Nachdem dann die Tonbandcassetten *Wolfgang Seils Erfolgstips – Die erfolgreiche Persönlichkeit* im Verlag Peter Erd erschienen, häuften sich die Wünsche, die Texte auch schriftlich zu haben, um sie nachlesen und intensiver damit arbeiten zu können. Das Ergebnis halten Sie nun in Händen.

Natürlich können Sie die Texte zur Motivation einfach nur lesen und auf sich wirken lassen. Um jedoch den optimalen Nutzen aus dem Buch zu haben, sollten Sie sich zu jedem Tip fragen:

Was bedeutet das für mich persönlich und
Wie wende ich diese Erkenntnis heute praktisch an?

Eine Entwicklung oder Veränderung entsteht allerdings nur dann, wenn Sie Ihre Erkenntnisse beziehungsweise die Impulse anschließend praktisch umsetzen und anwenden.

Wenn Sie so vorgehen, verfügen Sie mit diesem Buch über ein kleines Trainingsprogramm für Ihre Persönlichkeitsentwicklung, mit dem Sie mindestens 180 Tage aktiv arbeiten können. Je konsequenter Sie dabei sind, um so schneller werden Sie Ihre Fortschritte erkennen, und um so mehr Spaß wird es Ihnen machen, weiter mit den Erfolgstips zu arbeiten.

Ist Erfolg nur eine berufliche oder geschäftliche Angelegenheit?

Nein, denn Erfolg bedeutet aus unserer Sicht:

»Die zunehmende Verwirklichung
der als wünschenswert definierten Lebensumstände.«

Da die berufliche Tätigkeit nur ein Teil unseres Lebens ist, kann die Zielsetzung nur sein: Erfolgreich arbeiten, um glücklich zu leben und den Erfolg genießen zu können.

Womit sind sie unzufrieden?
Was möchten Sie verändern?
Was möchten Sie gerne im Leben erreichen?

Wir wünschen Ihnen, daß Sie durch dieses Büchlein viele Impulse erhalten, um das zu verwirklichen, was für Sie persönlich Erfolg bedeutet. Und vor allem, daß Sie viel Spaß an Ihrem Erfolg haben.

Mit allen guten Wünschen für Sie,
liebe Leserin und lieber Leser

Ihre
Anne Hollwöger und Wolfgang Seils

1. Kapitel
Die Kraft der Gedanken

Eine der Grundvoraussetzungen für ein glückliches und erfolgreiches Leben ist sicherlich eine optimistische und positive Grundeinstellung. Doch mit positivem Denken allein schöpfen wir unser geistiges Potential und unsere mentalen Fähigkeiten noch lange nicht in dem Maße aus, wie wir es könnten.

Es ist wichtig zu verstehen, daß unsere mentale Kraft im Grunde ebenso direkt wirkt, wie unsere körperliche Kraft, wenn wir sie richtig einsetzen, eben nur auf einer anderen, der geistigen Ebene. Diese geistige Ebene ist jedoch die Vorstufe von dem, was wir als unsere Wirklichkeit erleben. Jedes Auto, jedes Haus, jedes Flugzeug, jedes einzelne Produkt, hat als Ursprung nichts anderes als die entsprechenden geistigen Impulse und Ideen, aus denen es dann entwickelt wurde.

So, wie wir von klein an beginnen, unsere körperliche Kraft zu entdecken und durch Training zu vergrößern, so können wir auch unsere geistige Kraft immer weiter vergrößern. Unabhängig von Alter, Herkunft und Bildung, wenn, ja wenn wir sie gezielt und konsequent trainieren.

Jeder Gedanke ist eine schöpferische Energie, und wir können unser Leben dadurch formen und gestalten. Seien Sie sich stets bewußt:

»Ich bin, was ich über mich denke!«

1
Erfolg ist eine Folge

Wodurch entsteht eigentlich Erfolg? So, wie es schon in dem Wort steckt, ist Erfolg eine Folge. Doch eine Folge wovon? Von Zufällen oder glücklichen Umständen?

Erfolg, ob im Beruf, in der Familie, im Sport oder wo auch immer, ist weder Glück noch Zufall. Und es gibt weder im Himmel, noch auf der Erde eine Schicksalsverteilungsstelle.

Erfolg ist ausschließlich eine Folge von Ursache und Wirkung.

Also ist Erfolg eine Folge meines Verhaltens, und durch mein eigenes Verhalten entscheide ich, ob ich positive oder negative Folgen erlebe.

Ich entscheide mich dafür, heute positive Folgen zu erleben, und damit das auch geschieht, überlege ich mir vor wichtigen Handlungen, ob daraus positive Folgen entstehen können.

2
Ich fühle so, wie ich denke

Erfolg ist also eine Folge meines Verhaltens! Aber ist nicht bereits mein Verhalten eine Folge? Richtig, es ist eine Folge, nämlich die Folge meiner bewußten und unbewußten Gedanken.

Ganz besonders die nicht bewußten Gedanken beeinflussen unser Verhalten sehr intensiv. Körpersprache, Gestik und Mimik sind Auswirkungen davon.

In dem Satz: »Ich fühle so, wie ich denke, und ich handle so, wie ich fühle«, ist das Ergebnis zusammengefaßt.

Zum besseren Verständnis wiederhole ich den Satz gleich noch einmal: »Ich fühle so, wie ich denke, und ich handle so, wie ich fühle!«

Deshalb entscheide ich mich dafür, heute wieder bewußt erfolgsorientiert, positiv und konstruktiv zu denken, damit ich mich dadurch positiv motiviert fühle und erfolgsorientiert, positiv und konstruktiv handle.

3
Ich achte auf meine Gedanken

»Achte auf deine Gedanken, sie sind der Ursprung deiner Taten«, lautet ein fernöstliches Sprichwort.

Wie sorgfältig gehe ich mit meinen Gedanken um?

Um zu erkennen, wie wichtig es ist, daß ich meine Gedanken kontrolliere, stelle ich mir folgendes Bild vor:

Mit meinen Gedanken ernähre ich zwei Wesen. Durch meine positiven, konstruktiven und bejahenden Gedanken ernähre ich ein freundliches Wesen, das mich unterstützt und fördert, wo immer es geht.

Durch meine negativen Gedanken jedoch ziehe ich ein Ungeheuer groß, ein Monster, das immer mehr destruktive Gedanken von mir fordert, um noch schneller zu wachsen und das immer nur gegen mich arbeitet und mich bedroht.

Welches Wesen möchte ich Tag und Nacht lieber in meiner unmittelbaren Nähe haben?

4
Ich bin Ursache

Als erfolgreiche Persönlichkeit erkenne ich mich also selbst als die Ursache für alles, was in meinem Leben geschieht. Das Glück, der Erfolg, den ich mir wünsche, kommt somit nicht durch äußere Umstände, sondern beginnt in mir selbst. Und deshalb beginne ich auch bei mir selbst, wenn ich etwas verändern möchte.

Ich gebe nicht anderen Menschen oder dem Schicksal die Schuld für Umstände oder Situationen, mit denen ich unzufrieden bin, sondern ich übernehme selbst die Verantwortung dafür und beginne zu handeln.

Und ich lerne immer besser, meine mentalen Fähigkeiten, also die Kraft meiner Gedanken zu nutzen, um meine Zukunft erfolgreicher und glücklicher zu gestalten.

Ab heute bin ich bewußt die positive Ursache für mein Leben.

5
Ich entscheide mich für Erfolg

Wie stelle ich mich richtig auf Erfolg ein?

Zum Beispiel dadurch, daß ich mich täglich dafür entscheide, einen erfolgreichen Tag zu erleben. Denn mit dieser bewußten Entscheidung lenke ich meine Aufmerksamkeit ganz gezielt auf alles, was für mich Erfolg bedeutet.

Meine Wahrnehmung funktioniert ähnlich wie ein Rundfunk-Empfänger. Und so, wie ich ein Radio auf unterschiedliche Sender einstellen kann, um die gewünschte Sendung zu hören, so kann ich dies auch mit meiner Wahrnehmung tun.

Mein Unterbewußtsein macht mich nun verstärkt auf Chancen und Möglichkeiten aufmerksam, die mir helfen, erfolgreich zu sein, und übersieht immer mehr die unwichtigen Dinge.

Heute nutze ich die Fähigkeiten meines Unterbewußtseins optimal, und ich lenke meine ganze Aufmerksamkeit auf Erfolg, indem ich mich bewußt für Erfolg entscheide.

6
Jeden Augenblick glücklich sein

Als erfolgreiche Persönlichkeit lebe ich im Glück. Allerdings ist Glück weder »Glücksache« oder »Glück haben«, sondern das Gefühl von innen heraus »glücklich zu sein«.

Fragten Sie mich nach der schönsten Lebensaufgabe des Menschen, so würde ich antworten: »Jeden Augenblick glücklich zu sein.«

Und würden Sie nach der schwersten Aufgabe fragen, so könnte sie lauten: »Jeden Augenblick glücklich zu sein.«

Glück hat seinen Ursprung in unserem Denken, in unserer Wahrnehmung und unseren Empfindungen. Und die Qualität unseres Denkens, unserer Wahrnehmung und unseres Empfindens ist das Maß für unser Glück.

Um glücklich zu sein, muß ich deshalb aufhören zu hoffen, Glück zu haben.

Äußere Umstände können mein Glück nur dadurch beeinflussen, daß ich die Umstände verurteile oder negativ empfinde, und damit erlebe ich Unglück.

Warum habe ich heute Grund, glücklich zu sein?

7
Ich bin ein Glückskind des Lebens

Eine erfolgreiche Lebenseinstellung lautet:
»Ich bin ein Glückskind des Lebens!«

Mit dieser positiven Grundhaltung erwarte ich nichts anderes als nur Bestätigungen dafür, daß ich ein Glückskind bin.

Ich erwarte ganz einfach, daß das Leben großzügig zu mir ist und mich reichlich belohnt. Belohnt wird natürlich auch als Glückskind nur der, der eine Belohnung verdient hat.

Aufgrund meiner richtigen Einstellung und meines entsprechenden Tuns bin ich jedoch ständig dabei, wenn das Leben belohnt, und das bestätigt mir, daß ich wirklich ein Günstling des Lebens bin.

Durch die richtige Einstellung und durch entsprechenden Fleiß mache ich mich zum Glückskind des Lebens.

Das Leben sucht mich nicht aus, sondern es nimmt die an, die sich für Belohnungen qualifizieren!

8
Ich denke positiv

Als erfolgreiche Persönlichkeit übe ich mich ständig im positiven Denken, solange, bis es zu einer wirklich festen Gewohnheit geworden ist.

Konstruktives Denken schließt Angst, Zweifel, Sorge, aber auch Neid, Haß und Kritik aus.

Niemand käme wohl auf die Idee, vorsätzlich faule oder gesundheitsschädliche Nahrung zu essen, weil er weiß, daß er seinem Körper und damit sich Schaden zufügt.

Je mehr »ungesunde Gedanken« ich zulasse, um so schlechter geht es meinem Geist und bald darauf auch meinem Körper.

So, wie ich darauf achte, daß ich meinem Körper also möglichst frische Nahrung zuführe, so ernähre ich auch meinen Geist mit erfrischenden Gedanken und Vorstellungen.

Sobald sich negative Gedanken breitmachen, mache ich mir bewußt, daß mich diese nur am Erfolg hindern, und ich lasse sie los, indem ich mir wieder mein motivierendes Ziel vorstelle.

9
Ich stoppe negative Gedanken

Eine weitere Möglichkeit, um negative Gedanken in eine konstruktive Richtung zu lenken, ist der Gedankenstop.

Worum geht es dabei? Gedanken können immer nur in eine Richtung fließen, so wie Strom. Also entweder in die positive oder in die negative Richtung.

Möchte ich Strom stoppen, so muß ich ihn abschalten, und genauso ist es mit Zweifeln.

Ich muß sie abschalten, und damit das bewußt geschieht, also ein bewußter Willensakt meines Geistes ist, denke – oder besser – sage ich laut und deutlich »stop«.

Durch dieses Stop halte ich negative Gedanken auf. Und wie bei einem Baustellenstop auf der Straße beginne ich jetzt die Umleitung, indem ich die Gründe aufzähle, die dafür sprechen, daß ich doch erfolgreich bin. Sollte wieder ein Zweifel auftauchen, so fange ich ihn mit einem deutlichen »stop« auf.

Bei Menschen, die mir hartnäckig negative Geschichten erzählen, kann ich das Prinzip »stop« ebenfalls anwenden.

10
Ich trainiere meine Denk- und Sprechdisziplin

Da mein Denken der Ursprung meiner Worte und Taten ist, achte ich immer sorgfältiger darauf, was ich denke, bevor ich etwas sage.

Redewendungen und Übertreibungen, wie »wahnsinnig nett«, »unheimlich schön« und »irre gut«, mögen zwar modern sein, aber sie sind weder glaubhaft, noch für meinen Erfolg sinnvoll.

Mein Unterbewußtsein registriert meine Aussagen, ohne darauf zu achten, welche Folgen für mich dadurch entstehen. Je nachdem, welche Aussagen und Gedanken überwiegen, steuert es meine Verhaltensweise.

Aus Gedanken werden Worte, daraus folgen Taten und daraus Gewohnheiten, die wieder – und so schließt sich der Kreis – die entsprechenden Gedanken entstehen lassen.

Dieses Prinzip gilt sowohl für positive wie auch für negative Gedanken.

Als erfolgreiche Persönlichkeit trainiere ich daher Disziplin in meinen Denk- und Sprechgewohnheiten.

11
Ich setze die richtigen Ursachen

Nichts scheint im Leben gerechter zu sein – als der Erfolg. Denn ich erhalte davon genau soviel, wie ich auch bereit bin, dafür zu geben.

Ereignen sich in meinem Leben Dinge, die ich dem Zufall oder dem Glück zuschreibe? Wie ich weiß, gibt es für Erfolg keine Zufälle und auch kein Glück. Das Wort Glück stammt von dem alten Wort »ge-lücken« und bedeutet gelingen.

Wenn sich also heute überraschend Erfolge einstellen, so habe ich sicher schon früher meinen Preis dafür gezahlt und die richtige Ursache gesetzt.

Allerdings gilt dies auch für die unangenehmen Dinge, von denen ich eventuell überrascht werde, obwohl ich mich nun mit positiven Dingen beschäftige.

Aber je klarer ich erkenne, daß ich mit allem, was ich tue, selbst die Ursache dafür bin, was in meinem Leben geschieht, um so leichter wird es mir von Tag zu Tag fallen, die richtigen Ursachen für mein erfolgreiches Leben zu setzen.

12
Ein Magnet für Erfolg

Eine der stärksten mentalen Kräfte und zugleich ein Magnet für weiteren Erfolg ist die Dankbarkeit.

Goethe hat hierzu geschrieben: »Nur der Narr beklagt sich über das, was er nicht hat, der Weise ist dankbar für das, was er hat und zieht dadurch mehr davon in sein Leben.« Bin ich dankbar, und wenn ja, wofür? Fühle ich diese Dankbarkeit auch in mir?

Wenn ich in mich hineinhöre und mir die Frage gewissenhaft stelle, dann werde ich viele Gründe finden, dankbar zu sein.

Am besten, ich schreibe mir jetzt gleich mal auf ein Blatt Papier die Dinge, Umstände, Personen und Erlebnisse auf, für die ich dankbar bin.

Das dauert nur wenige Minuten, und dann gehe ich diese Liste so durch, daß ich einen Punkt nach dem anderen vor mein geistiges Auge hole, die Augen schließe und für einige Sekunden die Dankbarkeit in mir fühle.

Auf diese Weise erfüllt mich Dankbarkeit, und Dankbarkeit ist eine zwar ruhige, aber wirkungsvolle Energie.

13
Ich glaube an meinen Erfolg

Als erfolgreiche Persönlichkeit glaube ich bis zum letzten Augenblick an meinen Erfolg, auch wenn alle anderen schon nicht mehr daran glauben.

Ein großartiges Beispiel hierfür ist der Sieger der Tour de France von 1989. Noch am Vorabend zur letzten Etappe lachten alle anderen darüber, als Le Monde sagte, die Tour sei für ihn noch zu gewinnen. Selbst die Experten sahen die Chancen 9 : 1 gegen ihn.

Und am nächsten Tag fuhr er mit seinem ganzen Glauben an den Sieg los. Er fuhr nicht gegen die Zeit oder gegen den Favoriten, sondern gegen alle Meinungen und Vorurteile.

Auf der Strecke von 27 Kilometer machte er das Unmögliche möglich. Sein Vorsprung betrug nur acht Sekunden. Nur der geringste Zweifel hätte ihn vermutlich den Sieg gekostet. Und 1990 hat er die Tour wieder gewonnen.

Ist mein Glaube ebenso unerschütterlich, daß er alle Kräfte in mir mobilisiert und mich bis zum letzten Augenblick mein Bestes geben läßt?

14
Ich kann alles im Leben erreichen

Die Begrenzungen, die mich einengen, sind die Grenzen, die ich mir durch mein Denken selbst gesetzt habe.

Und mit jedem Gedanken, was mir zusteht und was nicht, was ich kann und was nicht, was ich darf und was ich nicht darf, definiere ich diese Begrenzungen immer und immer wieder.

Solange, bis ich selbst aufgrund dieser ständigen Programmierung davon überzeugt bin, daß es wirklich so ist.

Ich schränke mich durch eingefahrene Meinungen und Urteile in meinem Bewußtsein und meinem Erfolg ein.

Dabei ist das Prinzip der Verwirklichung auch hier dasselbe, denn ich erreiche genau das, worauf ich meine Aufmerksamkeit lenke.

Sobald ich umdenke und erkenne, daß ich alles im Leben erreichen kann, was für mich sinnvoll ist, lenke ich auch die Energie schöpferischer Gedanken auf die Verwirklichung meiner Ziele.

15
Neue Wege gehen

Erfahrung ist das richtige und positive Wort für Mißerfolg. Und nur wenn ich bereit bin, neue Erfahrungen zu sammeln, werden auch neue Erfolge auf mich zukommen.

Dafür ist es wichtig, daß ich meine Denk- und Arbeitsweise überprüfe und vielleicht korrigiere.

Bin ich ein Mißerfolgsverhinderer oder ein Erfahrungsförderer? Achte ich nur immer darauf, was ich alles tun muß, damit nichts schiefgeht, oder überlege ich mir stets, was ich alles tun kann, damit es noch besser geht?

Denke ich stets in gewohnten, vertrauten Möglichkeiten, ober bin ich offen für neue Impulse und Anregungen von den unterschiedlichsten Seiten?

Bin ich bereit, meine eingefahrenen Denkschienen zu verlassen und neue geistige und praktische Mittel und Wege für ein noch erfolgreicheres Leben zu finden?

Bei welchen Aufgaben oder Tätigkeiten gehe ich heute neue Wege im Denken und Tun?

16
Ich benutze mein Gehirn

Als erfolgreiche Persönlichkeit entwickle ich mich immer mehr vom Gehirnbesitzer zum Gehirnbenutzer.

Worin besteht der entscheidende Unterschied?

Gehirnbesitzer leben hauptsächlich in der Vergangenheit, weil sie stets in alten Erfahrungen, Meinungen und Erlebnissen denken und urteilen.

Aber sie denken dabei nicht wirklich, sondern sie versuchen, sich zu erinnern, wie es früher funktioniert hat.

Gehirnbenutzer hingegen, zu denen ich mich zähle, nutzen die Verknüpfungen der etwa zehn Milliarden Gehirnzellen, um weniger nach-zudenken und dafür mehr vorzudenken.

Das heißt, sie denken lösungsorientiert, indem sie Informationen verbinden, Lösungsvarianten auf ihre Erfolgswahrscheinlichkeit durchdenken und dabei immer zukunftsorientiert sind.

Heute benutze ich mein Gehirn ganz bewußt.

17
Ich konzentriere meine Gedanken

Die Konzentration meiner Gedanken auf einen Punkt und die geistige Vision, wie dieser Punkt möglichst genau erreicht wird, sind wesentliche Faktoren meines Erfolges.

Am Beispiel eines Golfspielers erkenne ich das Prinzip deutlich.

Er konzentriert seine ganze Aufmerksamkeit auf den Bruchteil der Sekunde, in der er den Ball mit optimalem Winkel und optimaler Geschwindigkeit im idealen Punkt trifft. Und dann sieht er vor seinem geistigen Auge die Flugbahn und den Punkt, auf den der Ball fällt.

Durch dieses mentale Trainieren werden alle Körperfunktionen im entscheidenden Moment so koordiniert, daß der Super-Schlag möglich wird.

Als erfolgreiche Persönlichkeit stelle ich mir meine Aufgaben und Ziele bildlich vor und spiele den ganzen Ablauf geistig bis zur positiven Vollendung durch. Und zwar so oft, bis ich innerlich die Gewißheit fühle, daß es klappt.

Damit bereite ich mein Unterbewußtsein optimal auf die Aufgaben vor, und es wird mich dann in den wirklichen Situationen bestens unterstützen können.

18
Ich bin flexibel im Denken

Auf dem Weg zum Erfolg stelle ich mich selbst immer wieder in Frage. Das heißt, ich überdenke meine Meinungen und Erfahrungen laufend – und seien sie noch so frisch.

Ich bin bereit, das, was heute richtig ist, morgen wieder anders zu machen, wenn es für meinen Erfolg notwendig ist.

Nichts ist so beständig, wie der Wandel. Und um den Wandel um mich herum nicht nur passiv mitzuerleben, lenke ich den Wandel durch mein eigenes Tun.

Erfahrungen sind dann gut für mich, wenn sie mein Selbstvertrauen stärken und mich an meinen Erfolg glauben lassen.

Aber schon die Erfahrung, wie, auf welchem Weg und mit welchem Einsatz ich bisher Erfolg erreicht habe, überprüfe ich, ob ich für die Aufgaben, die noch vor mir liegen, nicht einen besseren Weg finde.

Als erfolgreiche Persönlichkeit habe ich zwar feste Ziele, aber ich bin flexibel im Denken und Handeln.

19
Ich denke nur an den Erfolg

Sobald ich mich für eine Sache entschieden habe, denke ich nur noch an die Erfolgsmöglichkeit.

Alle anderen Varianten, wie »wenn's nicht klappt, dann kann ich ja immer noch ...«, verbanne ich aus meinen Gedanken.

Jede Ersatzalternative reduziert den Grad meiner inneren Überzeugung, den Grad meiner Aufmerksamkeit und damit meine tatsächliche Erfolgschance.

Jede Ersatzalternative ist wie ein Hintertürchen, durch das ich gegebenenfalls verschwinden könnte, ein geheimer Fluchtweg, den ich benutzen könnte, um mich nicht zu blamieren oder selbst zu enttäuschen.

Wenn ich mich für eine Sache entschieden habe, dann tue ich gut daran, hinter mir, bildlich gesehen, die Brücken abzubrechen, um mich nur noch auf mein Ziel zu konzentrieren. Nur nach vorne denke ich in Möglichkeiten und Alternativen, wie ich mein Ziel am besten erreichen kann.

Sobald ich mich für eine Sache entschieden habe, gilt ihr mein ganzes Interesse.

20
Ich erkenne die Chance

Als erfolgreiche Persönlichkeit sehe ich in jeder Aufgabe nicht das Problem, sondern die Chance.

Würde ich meine Gedanken problemorientiert ausrichten, so wäre die Folge, daß die jeweilige Situation in meinem geistigen Vorstellungsbild immer größere negative Dimensionen annehmen würde.

Solange, bis mir die Situation schlimmstenfalls unlösbar erschiene und ich wirklich ein Problem hätte oder genauer gesagt, bis ich mir ein Problem gemacht hätte!

Lenke ich in einer solchen Situation jedoch meine ganze Aufmerksamkeit auf die Chance, so denke ich lösungsorientiert. Meine Gedanken kreisen um die bereits vorhandene Lösung, zu der ich nur noch den richtigen Zugang finden muß.

Je selbstverständlicher ich erwarte, daß mein Geist eine Lösung findet, um so rascher werde ich auch entsprechende Ansatzpunkte finden und weiterverfolgen können.

Was beschäftigt mich zur Zeit, welche großen Aufgaben warten darauf, gelöst zu werden? Ich erkenne und nutze meine Chancen.

21
Ich stelle mir vor

Ich trainiere systematisch die Fähigkeit, meine Erfolge bildhaft vor mir zu sehen.

Die bildhafte Vorstellung ist deshalb so wichtig, weil dadurch auch alle unbewußten Fähigkeiten auf die Verwirklichung dieses Bildes gelenkt werden.

Meine linke Gehirnhälfte ist zwar für alle logischen und analytischen Aufgaben zuständig. Da diese aber nur einen Bruchteil meines wahren Könnens fordern, ist es äußerst sinnvoll, auch die rechte Gehirnhälfte zu aktivieren, und der passende Schlüssel hierzu sind geistige Vorstellungsbilder.

Je öfter sich die Bilder durch ständiges Visualisieren wiederholen, desto wichtiger wird diese Information und um so größer ist die Konzentration auf den Zielpunkt.

Mehrmals am Tag kann ich für einige Sekunden, oder wenn es meine Zeit erlaubt, sogar für einige Minuten die Augen schließen und dadurch die Vorstellung lebendig werden lassen.

Das gibt mir Begeisterung und Motivation, wieder mein Bestes zu geben.

22
Erfolg beginnt in meinem Kopf

Als erfolgreiche Persönlichkeit bin ich mir im klaren darüber, daß der Erfolg in meinem Kopf, das heißt mit meinen Gedanken beginnt.

Unklare und unentschlossene Gedanken führen zu unklaren Ergebnisse oder sogar zu Mißerfolg. Solche Unentschlossenheit drückt sich aus in Formulierungen wie »ich will mich bemühen« oder »ich werde es versuchen«.

Kein Spitzensportler käme auf die Idee zu sagen, »ich will mich bemühen, gut zu sein« oder »ich werde versuchen, eine gute Zeit zu laufen«. Der Profi sagt: »Ich laufe heute die beste Zeit, die ich nur laufen kann, und ich setze all meine Kraft und meinen Willen dafür ein, erfolgreich zu sein!«

So wie dieser Profi, bin auch ich Profi in allem, was ich anpacke. Ich erreiche heute optimale Ergebnisse, und ich setze all meine Fähigkeiten ein, um erfolgreich zu sein!

Mit dieser inneren Entschlossenheit strahle ich für andere sichtbar und spürbar den Willen zum Erfolg aus und bekomme dadurch auch bessere Chancen, mehr Unterstützung und interessantere Möglichkeiten angeboten!

Ich erreiche heute optimale Ergebnisse.

23
Ich spreche stets die Wahrheit

In allem was ich sage, spreche ich stets die Wahrheit, denn ich habe einen sehr wichtigen und entscheidenden Mithörer. Nämlich mich selbst – oder genauer – mein Unterbewußtsein.

Und wenn ich einerseits zwar in der Wahrheit denke, aber andererseits Notlügen und Ausreden gebrauche, um mich leichter durchzumogeln, dann hebe ich die positiven Gedanken durch meine negativen, weil unwahren Aussagen, wieder auf.

Es ist kein Kavaliersdelikt, Notlügen zu gebrauchen, sondern eher ein Zeichen von Schwäche oder Angst. Ich habe gar keinen Grund, mich herauszureden, denn durch schlechte Ausreden schade ich nicht nur meinem Image, sondern meinem Glauben an mich selbst.

Als erfolgreiche Persönlichkeit trainiere ich, auch unangenehme Dinge offen anzusprechen. Und ich werde feststellen, daß meine Selbstachtung und die Achtung anderer mir gegenüber zunehmen.

24
Ich denke lösungsorientiert

Kann ich es mir überhaupt noch leisten, mich zu beklagen oder mich zu beschweren?

Wenn ich das Wort beschweren wörtlich interpretiere, dann beschwere ich etwas oder jemanden, das heißt, ich mache etwas noch schwerer, als es ohnehin schon ist.

Zum einen könnte es sein, daß ich die Umstände, über die ich mich ärgere, schwerer mache als sie wirklich sind, und zum anderen, daß ich mich selbst dadurch be-schwere.

Denn je mehr ich meine Aufmerksamkeit auf die Umstände lenke, die mich stören, desto schwerer wird mein Gefühlszustand.

Um mich zu erleichtern, ist es notwendig, daß ich meine Aufmerksamkeit auf die Lösung richte, auf den Zustand, den ich gerne hätte, und darüber nicht nur rede, sondern entsprechend handle.

25
Ich bin ein Wie-Denker

Als erfolgreiche Persönlichkeit bin ich kein »Wenn-Denker«, sondern ein »Wie-Denker«.

Wenn-Denker beschäftigen sich meistens nur mit den Überlegungen, wenn das so und so wäre, dann könnte auch ich erfolgreich sein.

Wie-Denker gehen von den Tatsachen aus und fragen sich nur, was kann ich tun, um aus dieser Situation das Beste zu machen.

Wenn-Denker leben gern in der Vergangenheit, indem sie davon träumen, wie großartig ihr Leben verlaufen wäre, wenn ...

Wie-Denker leben im Hier und Jetzt und überlegen stets, wie setze ich heute die richtigen Ursachen, damit ich morgen erfolgreich bin?

Wenn-Denker lassen indirekt immer die Frage offen: »Und was ist, wenn nicht?«

Als erfolgreiche Persönlichkeit bin ich also ein Wie-Denker und stelle mich damit optimal auf meinen Erfolg ein!

26
Das Ergebnis vorwegnehmen

Das Geheimnis meines Erfolgs ist eine Programmierung, die ich fest in meinem Unterbewußtsein verankert habe. Ich mache mir bewußt, daß ich schon viele Dinge so erreicht habe, ohne vielleicht das Prinzip erkannt zu haben.

Als ich den Führerschein gemacht habe, so haben meine Gedanken erst unsicher und dann immer sicherer dazu geführt, daß mein Körper alle notwendigen Bewegungen ausgeführt hat, um das Auto zu bedienen.

Heute fahre ich aufgrund der einprogrammierten Erfolgsformel ganz automatisch, wenn der Auftrag »autofahren« gegeben wird. Und genauso wende ich das Prinzip nun für meinen Erfolg an.

Ich gebe meinem Unterbewußtsein ganz klare Anweisungen zu meinem gewünschten Erfolg. Und zwar in der sogenannten Ergebnis-Formulierung, wie zum Beispiel:

»Ich strahle Sicherheit und Selbstvertrauen in allen Situationen aus, ich treffe schnelle und richtige Entscheidungen, und ich habe das Image einer erfolgreichen Persönlichkeit!«

27
Ich baue positive Gefühle auf

Als erfolgreiche Persönlichkeit beherrsche ich meine Gedanken und Gefühle. Ich bin also der Herr auch über meine Gefühle, denn Gefühle wirken als Verstärker für meinen Willen, meinen Glauben und meine Vorstellungen.

Lasse ich also negativen Gedanken und Empfindungen Platz, so breiten sie sich immer mehr aus und zehren an meiner Motivation und Lebensenergie.

Sorge ich aber dafür, daß ich Mut, Zuversicht und Freude dauerhaft verspüre, so wird mir meine Arbeit nicht nur wesentlich leichter fallen, sondern ich werde sie auch schneller und leichter erreichen.

In unangenehmen Situationen mache ich mir bewußt, daß mich Ärger nur Energie kostet und mich von meinem Erfolg abhält.

Ich nutze jede Gelegenheit, um mir selbst klarzumachen, wieviel Grund zur Freude ich habe und baue damit ganz bewußt meine positiven Gefühle auf.

Denn nur das hilft mir wirklich weiter!

28
Glaube und Vertrauen

Ich glaube an mich und vertraue darauf, daß ich den Erfolg habe, den ich mir vorstelle.

Worin besteht denn der Unterschied zwischen Glauben und Vertrauen? Eine kleine Geschichte macht dies deutlich.

Ein Mann aus New York fuhr mit einer Schubkarre auf einem Seil, das über die Niagara-Fälle gespannt war, hin und her. Er ließ die Karre mit 200 Pfund Sand füllen und fuhr wieder hinüber und zurück.

Nach einigen erfolgreichen Demonstrationen fragte er das Publikum, ob sie glaubten, daß er dies auch mit einem Menschen könne – und die Zuschauer sagten ja.

Daraufhin forderte er einen Mann, der ebenfalls ja gesagt hatte, auf, in die Karre einzusteigen. Aber der hatte kein Vertrauen, obwohl er angeblich an den Erfolg glaubte.

Mein Glaube hilft mir dann, wenn ich felsenfest davon überzeugt bin, erfolgreich zu sein, und dabei auf die schöpferische Kraft in mir vertraue.

29
Ich erkenne das Positive

Zu lachen und fröhlich zu sein, wenn es mir gut geht, ist keine große Kunst. Aber zu lachen, wenn es mir nicht so gut geht und damit die richtigen Ursachen zu setzen, damit es mir wieder besser geht, das ist schon eine besondere Kunst.

Auch wenn die Ursachen dafür, daß es mir nicht so gut geht, nicht dazu geeignet sind, mich fröhlich zu stimmen, so kann ich sie doch durch schlechte Laune nicht mehr verändern – im Gegenteil, ich mache sie mit jedem Mal, wenn ich daran denke, nur noch schlimmer.

Und da nach den geistigen Gesetzen Gleiches auch Gleiches anzieht, produziere ich somit erneute Ursachen für unangenehme Erfahrungen.

Wie breche ich aus diesem Kreislauf aus? Indem ich mir bewußtmache, daß in jeder noch so negativen Situation auch immer etwas Positives für mich enthalten ist. Es kommt nur darauf an, daß ich dies möglichst frühzeitig akzeptiere und den Nutzen aus dem Unangenehmen erkenne.

30
Ich programmiere mich auf Erfolg

Als erfolgreiche Persönlichkeit programmiere ich mich selbst jeden Tag zum Beispiel mit folgendem Text:

Ich weiß genau, was ich will und habe eine lebhafte und deutliche Vorstellung davon.
Täglich plane ich meine Aufgaben und erledige das Wichtigste zuerst.
Auf dem Weg zum Ziel gebe ich stets mein Bestes, bin voller Begeisterung und konzentriere mich auf das Wesentliche.
Ich erreiche dadurch meine Ziele immer leichter, schneller, und mit weniger Energieaufwand.
Ich habe das Image einer selbstbewußten und kompetenten Persönlichkeit.
Andere Menschen vertrauen mir immer mehr, mein persönlicher und beruflicher Erfolg wächst von Tag zu Tag.
Ich achte sorgfältig auf meine gepflegte Erscheinung, bin zuvorkommend, zuverlässig und pünktlich.
Ich beschäftige mich nur noch mit positiven und motivierenden Gedanken und Vorstellungen.
Ich freue mich auch über die Erfolge anderer Menschen und fördere sie, soweit sie es wünschen und es in meiner Macht steht.
Ich bin dankbar für mein Leben, meine Chancen und alles, was ich erreiche.
Ich lebe nach ethischen Grundsätzen, glücklich und in innerer Harmonie.

2. Kapitel
Mut zu großen Zielen

Sicher haben Sie mit dem vorhergehenden Kapitel die Zusammenhänge zwischen Ihrem Denken und Ihrem persönlichen und beruflichen Erfolg noch klarer erkannt und können nun immer besser die richtigen Ursachen setzen.

Damit Ihre Gedankenkräfte optimal wirken, dürfen sie jedoch nicht dadurch zerstreut werden, daß sie laufend eine neue Richtung bekommen, sondern sie müssen idealerweise auf ein ganz konkretes Ziel fixiert sein.

Je langfristiger dieses Ziel geplant ist, je genauer Sie also wissen, was Sie im Leben erreichen wollen, um so weniger geistige und natürliche und körperliche Energie wird Ihnen auf dem Weg dorthin verlorengehen, weil alle Energie in die Verwirklichung dieses Zieles fließt.

In realistische Teilziele eingeteilt, sinnvoll geplant und konsequent daran gearbeitet, wird so fast jedes noch so große Ziel erreichbar. Zumindest werden Sie bei systematischer Vorgehensweise in wenigen Jahren mehr erreichen können, als viele Menschen im Laufe ihres ganzen Lebens.

Der wichtigste Schritt zum Erfolg ist, sich überhaupt dafür zu interessieren, hat Sir W. Osler schon vor vielen Jahren gesagt. Können Sie jetzt spontan ganz konkret sagen, was Sie in den nächsten drei Monaten, im nächsten Jahr, in den nächsten drei bis fünf Jahren erreichen wollen?

Interessieren Sie sich für Ihren Erfolg –
und der Erfolg interessiert sich für Sie!

31
Ich plane meine Zukunft

Wieviel Zeit habe ich in den letzten fünf oder zehn Jahren damit verbracht, meine verschiedenen Urlaube zu planen und vorzubereiten? Und wieviel Zeit habe ich in denselben Jahren damit verbracht, meinen Lebenserfolg zu planen und vorzubereiten?

Wenn ich bei diesen Gedanken erschrecke, dann weiß ich, daß es höchste Zeit ist, etwas zu verändern.

Denn solange ich zu den Menschen gehöre, die ihren Urlaub sorgfältiger planen als ihr Leben, solange werde ich mich auch an die Urlaube besser erinnern als an mein Leben, und mein Leben ist dann nur die traurige Zeit zwischen den Urlauben.

Als erfolgreiche Persönlichkeit plane ich meine Zukunft und setze mir herausfordernde konkrete Ziele, zum Beispiel für die nächsten drei Monate, das nächste Jahr und die nächsten drei Jahre.

Und dann beginne ich, sie zu verwirklichen.

32
Mut zu großen Zielen

Ich habe den Mut, mir große, herausfordernde Ziele zu setzen, und ich weiß, daß ich alle Voraussetzungen mitbringe, meine Ziele auch zu erreichen.

Wenn meine Motivation einmal nachlassen sollte, so hängt das vermutlich damit zusammen, daß ich mir vorstelle, was ich alles noch dafür tun muß und vielleicht nicht glaube, dies zu schaffen.

Aber ich kann alles schaffen, was ich wirklich will! Ich muß nur meine Gedanken darauf lenken, wie es sein wird, wenn ich mein Ziel erreicht habe, und das gibt mir neue Motivation und Energie.

Außerdem brauche ich mein Ziel nicht auf einmal zu erreichen, sondern in vielen kleinen Etappen. Selbst die größten Pyramiden wurden Stein für Stein erbaut. Und die Größe meiner Bausteine bestimme ich selbst – nicht zu klein, aber auch nicht zu groß, gerade so, daß die Herausforderung Spaß macht.

Und heute setze ich wieder einen wichtigen Stein auf meine persönliche Erfolgspyramide.

33
Mein Ziel ist schriftlich fixiert

Welches konkrete Ziel habe ich mir gesetzt? Und was tue ich dafür, um dieses Ziel zu erreichen?

Ein konkretes Ziel habe ich erst dann, wenn ich Zahlen, Daten und Fakten notiert habe, anhand derer ich meine täglichen Ergebnisse und das Gesamtergebnis messen kann. Ziele, die ich im Kopf herumtrage, sind meist nur Träume und werden selten verwirklicht.

Ich will, ich möchte, ich versuche, ich werde und so weiter sind Wörter, die ich im Zusammenhang mit konkreten Zielen aus meinem Sprachgebrauch streiche.

Nicht *ich will* dies oder jenes erreichen, sondern *ich erreiche* ganz konkret folgendes Ergebnis bis zum Tag X, oder ich erledige ganz konkret folgende Arbeiten bis dann.

Je überzeugender meine eigene Sprache ist, desto größer ist auch meine innere Überzeugung und desto größer sind auch meine Erfolgsaussichten.

Als erfolgreiche Persönlichkeit spreche ich daher eine klare und eindeutige Sprache, und zwar ganz besonders mit mir selbst.

34 Ein motivierendes Vorstellungsbild

Ich habe mein Ziel schriftlich formuliert, und nun beantworte ich mir die Frage: »Was verspreche ich mir von der Erreichung dieses Zieles?«

Denn die rein logischen Fakten meiner Zielsetzung sind wichtig für die linke Gehirnhälfte, um Maßstäbe zu setzen.

Aber um die rechte Gehirnhälfte und damit auch meine unbewußten Fähigkeiten zu aktivieren, ist es wichtig, daß mir ein motivierendes Bild vorschwebt, wofür es sich lohnt, dieses Ziel zu erreichen und täglich mein Bestes zu geben.

Nur Geld zu verdienen, ist noch keine ausreichende Motivation, denn auch diese Information ist wieder für die logische Gehirnseite.

Die Frage ist: »Was mache ich mit meinem Verdienst, oder welchen Nutzen bringt es mir, wenn ich diese oder jene Arbeiten erledigt habe?«

Die Sprache unseres Unterbewußtseins sind Bilder, und deshalb zeige ich als erfolgreiche Persönlichkeit meinem Unterbewußtsein motivierende Vorstellungsbilder, für die es sich lohnt, aktiv zu sein.

35
Ich konzentriere mich aufs Ziel

Was ist das Beste, das ich für die Erreichung meines Zieles tun kann – im Gegenteil zum meisten.

Ein Punkt ist, daß ich mich bei allem, was ich tue, frage: »Bringt mich das, was ich gerade tue, meinem Ziel auch wirklich näher?«

Oder ist es eher eine Ablenkung von den wirklich wichtigen Tätigkeiten? Denn oft lenken wir uns durch unwichtige Dinge, die zwar ganz angenehm sein können, von den Dingen ab, die oft unangenehm sein können, aber eben wichtig sind.

Das Beste zu tun, heißt auch, meinen eigenen Glauben und mein Selbstvertrauen im Hinblick auf mein Ziel zu festigen und es auch als geistiges Vorstellungsbild immer gegenwärtig zu haben.

Aber auch Konzentration durch Meditation oder andere Übungen und tägliche Visualisierung meines Zieles tragen dazu bei, daß ich mit möglichst geringem Energieaufwand möglichst viel erreiche.

Als erfolgreiche Persönlichkeit prüfe ich mich stets: Tue ich gerade das Beste, um mein Ziel zu erreichen?

36
Ich gebe mein Bestes

Auch wenn ich mein Ziel kurz vor dem Termin noch nicht erreicht haben sollte, die Chance, daß ich es dennoch schaffe, besteht vielleicht noch.

Denn mein Bestes zu geben heißt auch, bis zum letzten Augenblick an mein Ziel zu glauben und alles zu tun, was in meiner Macht steht, um es zu erreichen.

Das tatsächliche Erreichen eines Zieles ist letztlich nur ein kurzer Moment, und selbst die Freude am Erreichen hält manchmal nur Augenblicke, da wieder neue Aufgaben anstehen.

Aber gerade deshalb ist es so wichtig, daß ich die Freude genieße, täglich mein Bestes gegeben zu haben. Denn damit erlebe ich nicht nur das Glück der Zielerreichung, sondern auch das tägliche Glücksgefühl auf dem Weg dorthin.

Und das ist besonders dann wichtig, wenn ich ein Ziel, aus welchen Gründen auch immer, einmal nicht erreiche.

Doch als erfolgreiche Persönlichkeit schaffe ich mir die besten Voraussetzungen, um meine Ziele immer sicherer zu erreichen.

37
Ich weiß genau, was Erfolg für mich bedeutet

Erfolg ist eine Folge, die ich nach dem Prinzip von Ursache und Wirkung selbst herbeiführe.

Die Ursache schaffe ich mit meinem Denken und Verhalten, aber welche Wirkung möchte ich erreichen? Welcher Erfolg soll sich entwickeln, damit ich froh und glücklich darüber bin.

Viele Menschen setzen Erfolg gleich mit materiellen Besitztümern, wie Haus, Geld und Auto. Das sind jedoch nur Teilaspekte des Erfolgs, die zwar ganz angenehm sein können, die aber nicht für jeden zutreffend sein müssen.

Allgemein betrachtet bedeutet Erfolg, daß wir in der Lage sind, unsere Lebensweise und -Umstände so einzurichten, daß sie genau unseren ganz persönlichen Vorstellungen und Wünschen entsprechen.

Ich weiß genau, was Erfolg für mich persönlich bedeutet, und allein schon das gibt mir das Image, erfolgreich zu sein. Ich weiß genau, was ich heute erreichen will, und das führt zu meinem Erfolg.

38
Ich stelle mir vor, was ich will

Warum ist ein möglichst genaues Vorstellungsbild von meinem Ziel so wichtig? Mit starkem Willen läßt sich doch sehr viel erreichen!

Das ist richtig, und die meisten Menschen arbeiten auch sehr angestrengt mit ihrem Willen. Der Wille ist jedoch ein Ausdruck unseres logischen Verstandes, von dem die Wissenschaft sagt, daß er nur einen Bruchteil unseres tatsächlichen Potentials ausmacht.

Unsere Vorstellungsbilder jedoch sind die Sprache, die unser Unterbewußtsein versteht, und das macht einen Teil der restlichen 90 Prozent unseres Potentials aus.

Womit sind meine Erfolgschancen wohl besser?

Heute entwickle ich genaue Vorstellungsbilder von den Dingen, die ich erreichen will und schaffe mir damit die besten Voraussetzungen dafür, daß mich mein Unterbewußtsein optimal unterstützt.

Und ich kann mir auch die Erreichung meines Zieles schon jetzt sehr gut vorstellen.

39
Ich programmiere mein Unterbewußtsein

Mit der genauen Vorstellung von meinem gewünschten Ergebnis schaffe ich mir die beste Voraussetzung dafür, daß mich mein Unterbewußtsein kräftig unterstützt.

Wohlgemerkt, mein Unterbewußtsein nimmt mir nicht die Arbeit ab, sondern es aktiviert meine Fähigkeiten und lenkt meine Aufmerksamkeit auf Möglichkeiten, durch die ich meine Ziele leichter erreiche.

Sobald sich mir eine gute Chance bietet, liegt es nach wie vor an mir selbst, mein Bestes zu geben, um die Chance auch wirklich zu nutzen. Und doch kann ich auch dafür mein Unterbewußtsein gut vorbereiten, indem ich alte Denkweisen im Hinblick auf Erfolg erneuere und diese neuen Denkweisen fest programmiere! Zum Beispiel:

»Ich erkenne immer deutlicher, was ich wirklich will und erreiche meine Ziele immer leichter, schneller und mit immer weniger Energieaufwand.«

Diesen Satz bekräftige ich besonders dann, wenn ich Zweifel im Hinblick auf meine Ziele habe.

40
Ich tue das Richtige für mein Ziel

Ich bereite mein Unterbewußtsein durch mein erfolgsorientiertes Denken und Handeln gut auf meinen Erfolg vor und tue jeden Tag mein Bestes dafür.

Dabei muß ich aber nicht unbedingt Außergewöhnliches tun, um erfolgreich zu sein. Es genügt durchaus, wenn ich das Gewöhnliche außergewöhnlich gut mache, und das konsequent.

Es kommt auch nicht darauf an, daß ich möglichst viel arbeite, denn das meiste muß nicht immer das Beste sein. Der Sportler, der am meisten trainiert, muß nicht der Sieger sein, sondern es wird derjenige siegen, der am besten und sinnvollsten für den Sieg trainiert hat, und zwar so, wie es für ihn persönlich das Beste und Sinnvollste war.

Heute überlege ich mir vor jeder Tätigkeit: »Ist das, was ich tue, wirklich das Beste und Sinnvollste für meine Zielerreichung?«

41
Ich nehme Herausforderungen an

Nutze ich die Chancen in meinem Leben? Und nutze ich auch die richtigen Chancen in meinem Leben?

Es scheint nicht so einfach zu sein, zu erkennen, was eine wirkliche Chance ist, und was eine Versuchung. Und doch gibt es ein eindeutiges Unterscheidungsmerkmal, wenn ich bereit bin, auf mich selbst zu hören.

Um zu erkennen, was für mich gut und wichtig ist, muß ich meine Aufmerksamkeit nach innen lenken und nicht nach außen. Sicher kann ich mir Listen machen mit Vor- und Nachteilen. Aber das sind nur logische Versuche, und die meisten Fakten kann ich gar nicht gegeneinander abwägen.

Bei einer *echten* Chance spüre ich, daß ich etwas dafür tun müßte. Einer Versuchung könnte ich einfach nur nachgeben. Eine *echte* Chance stellt immer auch eine Herausforderung dar.

Und als erfolgreiche Persönlichkeit nehme ich Herausforderungen gerne an!

42
Ich organisiere meinen Erfolg

Als die zwei wesentlichen Ursachen für Mißerfolg stellen sich immer wieder schlechte Organisation und mangelndes Selbstvertrauen heraus. Was kann ich daraus lernen?

Zumindest, daß Erfolg auch eine Frage der Organisation ist. Zum einen liebt mein Erfolg die Ordnung und zum anderen die planmäßige Vorgehensweise, das systematische Arbeiten und die notwendige Kontrolle.

Und damit genau diese Punkte nicht mehr Aufwand sind als das, was ich täglich für meine Ziele tue, organisiere ich eben meinen Erfolg.

Am besten, ich lege jeweils schon am Vorabend fest, was ich am nächsten Tag tue und trage es in eine Zielkarte oder in meinen Terminkalender ein.

Morgens mache ich mir die Punkte bewußt und überlege mir, wie ich es am besten mache. Und spätestens am Abend kontrolliere ich meinen Erfolg und lege wieder die Teilziele für den nächsten Tag fest!

43
Ich setze Prioritäten

Die persönlichen Prioritäten bestimmen den Verlauf meines Tages. Zum Beispiel auch dann, wenn ich mir keine gesetzt habe, denn dann entscheiden andere oder die Umstände darüber, ob ich am Ende des Tages sagen kann, es war ein erfolgreicher Tag oder nicht.

Möchte ich es wirklich anderen oder den Umständen überlassen, ob ich große Ziele erreiche oder nicht?

Ein Schlüssel, um jeden Tag zu einem Erfolgstag zu machen, liegt darin, mir Prioritäten zu setzen und dann, und das ist besonders wichtig, mit der unangenehmsten Aufgabe zu beginnen und diese auch zu beenden.

Meist werden nämlich diese Aufgaben im Laufe des Tages immer wieder verschoben, und das kostet viel Energie und Motivation.

Als erfolgreiche Persönlichkeit setze ich mir jeden Tag persönliche Prioritäten und erledige eine Aufgabe nach der anderen, indem ich mit der wichtigsten beginne.

44
Ich bin heute besser als gestern

Durch das tägliche Tun trainiere ich am besten die sinnvolle Anwendung meines Wissens.

Denn alle Begeisterung um die großartigen Chancen dieses Lebens sind verschwendete Energie, wenn ich nicht wirklich beginne, die Theorie in praktische Verhaltensweisen umzusetzen.

Ich brauche mich selbst keineswegs in Trainingsstreß zu versetzen. Aber ein gesunder Anspruch, mich selbst zu verbessern, sollte schon erkennbar sein.

Als Maßstab habe ich drei Möglichkeiten: 1. Ich suche mir außergewöhnlich erfolgreiche Menschen aus, um mich zu frustrieren, wenn's bei mir nicht so klappt, oder 2. ich suche mir sehr erfolglose aus, um mich »schein-zu-motivieren«, aber das wird schnell langweilig.

Als erfolgreiche Persönlichkeit wähle ich Variante 3, nämlich mich selbst, und ich gebe mein Bestes, um heute besser zu sein als gestern und morgen wieder besser als heute.

45
Ich weiß genau, was ich erreichen will

Weiß ich wirklich genau, was Erfolg für mich bedeutet?

Sollte ich hier schon feststellen oder der Meinung sein, daß ich eben Schwierigkeiten habe, herauszufinden, was für mich interessante Ziele sind, so hat es mein Unterbewußtsein natürlich schwer, mich auf interessante Dinge aufmerksam zu machen, da es nicht weiß, was für mich interessant ist.

Um aus diesem Kreislauf auszubrechen, gebrauche ich einen einfachen Trick. Ich setze mir das Ziel, daß ich bis zu einem bestimmten Zeitpunkt genau weiß, was ich will.

Und jeden Tag programmiere ich mich mit den Worten: Ich weiß von Tag zu Tag genauer, was ich erreichen will und spätestens am Tage X weiß ich es ganz konkret.

Natürlich darf ich nun nicht zu Hause sitzen und darauf warten, was geschieht, sondern ich muß mir selbst und auch meinem Unterbewußtsein die Chance geben, neue interessante Eindrücke zu erleben, damit ich neue Erkenntnisse gewinne.

Also was tue ich zum Beispiel gleich noch heute dafür, um mein nächstes Ziel herauszufinden?

46
Ich entscheide mich für das Beste

Um also herauszufinden, was für mich wirklich wünschenswerte Ziele sind, bin ich gefordert, etwas zu tun. Und je aktiver ich tue, um so schneller erkenne ich auch.

Weiß ich zum Beispiel nicht, welches Auto das richtige für mich ist, so ist die beste Möglichkeit, dies herauszufinden, eine Probefahrt.

Interessanterweise scheuen viele Menschen die Probefahrten mit verschiedenen Autos, weil sie befürchten, dann ein bestimmtes aufgeschwatzt zu bekommen. Erst wenn sie schon ziemlich sicher sind, entscheiden sie sich zur Probefahrt, um sich zu überzeugen. Nur eines ist dabei zu kurz gekommen, nämlich die Chance herauszufinden, was wirklich das Beste wäre.

Das Beispiel mit der Probefahrt gilt für viele Situationen des Lebens. Und weil wir nicht genügend – bildlich gesprochen – »Probefahrten machen«, deshalb haben wir im nachhinein betrachtet soviele zweitbeste Lösungen.

Als erfolgreiche Persönlichkeit entscheide ich mich dafür, mich stets genau zu informieren, welche Möglichkeiten es gibt, und diese auch kennenzulernen, um danach zu entscheiden, was für mich das Beste ist.

47
Ich habe mein Ziel klar vor Augen

So wie jeder Bach den Weg zum Fluß findet und jeder Fluß den Weg zum Meer, so finde auch ich den Weg zu meinem Ziel und lasse mich nicht von meinem Ziel abbringen.

Selbst der härteste Fels kann den Fluß nicht daran hindern, zu fließen. Das Wasser bahnt sich seinen Weg an der günstigsten Stelle und sogar auf Dauer schleift es sich seinen Weg durch den Fels.

Was kann ich vom Wasser lernen? Die Beharrlichkeit im Hinblick auf mein Ziel. Ich lasse mich zwar nicht vom Ziel abbringen, aber es kann sein, daß ich vorübergehend einen neuen Weg nehmen muß, um vorwärtszukommen.

Nur eines darf ich nicht, stehenbleiben oder aufgeben. Entscheidend ist mein Tun, und daß ich mein Ziel dabei nicht aus den Augen verliere. Nicht entscheidend ist der Weg, den ich gehe, wenn Hindernisse auftauchen, sondern mein Ziel. So wie ich mit Gewichten meine Muskeln trainiere, so trainiere ich mit Hindernissen meine Persönlichkeit und meinen Erfolg.

Als erfolgreiche Persönlichkeit habe ich mein Ziel klar und deutlich vor Augen.

48
Ich bestimme meinen Erfolg

Ich überlasse meinen Erfolg nicht dem Zufall, sondern ich beeinflusse das, was mir zufällt.

Worte, wie Zufall und Glück, werden von Menschen benutzt, die oft nicht daran glauben wollen, daß sie ihr Schicksal selbst in der Hand haben.

Denn wenn ich akzeptiere, daß ich mit dem, was ich denke, sage und tue, meinen Erfolg bestimme, dann muß ich auch akzeptieren, daß ich ebenso meinen Mißerfolg bestimme. Und das ist für viele sehr unangenehm.

Allerdings nicht für mich, denn ich lerne mit jedem Tag die geistigen Gesetze des Erfolgs immer besser kennen und anzuwenden und bestimme damit meine Zukunft selbst.

Heute male ich mir im Geiste ein möglichst genaues Bild von dieser Zukunft. Ein Bild, das mich motiviert, das mir Freude macht, und um das zu erreichen ich auch täglich gerne mein Bestes gebe.

49
Ich versuche es immer wieder

Als erfolgreiche Persönlichkeit habe ich den Mut, herauszufinden, zu welchen außergewöhnlichen Leistungen und Erfolgen ich fähig bin.

Nur wenn ich bereit bin, immer wieder neue Versuche zu unternehmen, neue Dinge kennenzulernen, neue Wege zu gehen, dann werde ich auch die Chance haben, die Aufgabe zu finden, die für mich vorgesehen und daher optimal ist.

Der Torschützenkönig der Fußball-Weltmeisterschaft ist ein erneuter Beweis dafür, daß die Anzahl der Versuche großen Einfluß auf den tatsächlichen Erfolg hat. Denn er war gleichzeitig derjenige, der auch die meisten Versuche unternommen hat, ein Tor zu erzielen.

Damit hat er auch zwangsläufig die meisten Fehlversuche – aber das ist unwichtig.

Ich weiß, daß ich mein Leben großartig gestalten kann, denn dafür bin ich geboren. Ich brauche dafür nur die Konsequenz, es immer wieder zu versuchen.

50
Ich plane mein Leben

Um erfolgreich zu sein, plane ich mein Leben und lebe meinen Plan.

Menschen, die glücklich und zufrieden sind und sich erfolgreich fühlen, haben in der Regel eine Gemeinsamkeit – sie planen die Erfolge in ihrem Leben und erreichen deshalb auch Lebenserfolg.

Die große Mehrheit jedoch hofft auf Glück und Zufall, also darauf, daß das Schicksal das Füllhorn über sie ausschüttet, obwohl sie nichts dafür getan haben.

Die Chancen, daß es klappt, stehen dabei genau so gering, wie in dem Fall, wenn ich zwar plane, aber nicht konsequent nach meinem Plan handle und lebe.

Welche Vorteile an Zeitersparnis, an weniger Streß und Umwegen damit verbunden sind, erkenne ich erst, wenn ich es wirklich einige Wochen konsequent gemacht habe. Die meisten überschätzen den Aufwand eines Planes ebenso, wie sie den Nutzen unterschätzen.

Ich allerdings plane ab jetzt mein Leben und handle nach diesem Plan!

51
Ich kontrolliere mich selbst

Um meinen Erfolg wirklich zu erreichen, kontrolliere ich mich selbst.

Für viele ist mit dem Wort Kontrolle etwas Unangenehmes verbunden. Vielleicht noch aus der Schulzeit, als die Hausaufgaben kontrolliert wurden. Allerdings hatten stets nur die ein schlechtes Gewissen, die die Aufgaben nicht gemacht haben. Ähnlich ist es heute vielleicht noch.

Solange Kontrolle für mich Fremdkontrolle und Leistungskontrolle bedeutet, ist sie sicher nicht motivierend. Sobald ich aber mit Regelmäßigkeit eine Eigenkontrolle im Sinne einer Erfolgskontrolle durchführe, entsteht daraus Motivation.

Ich kontrolliere ständig, wieviel ich meinem Ziel wieder nähergekommen bin und wie ich dadurch meinen Lebensplan verwirkliche.

Und da ich bereit bin, täglich mein Bestes zu geben, wird für mich die tägliche Erfolgskontrolle schon bald zur schönsten Stunde des Tages.

52
Ich sehe mich im Erfolg

Als erfolgreiche Persönlichkeit kann ich alles erreichen, was ich mit geschlossenen Augen klar und deutlich sehen kann.

Natürlich sehe ich kein wirklich vorhandenes Bild, sondern ein geistiges Vorstellungsbild. Wenn meine Fähigkeit, Erfolge so zu visualisieren, so gut trainiert ist, daß ich sie in allen Einzelheiten schon realistisch vor mir sehe, dann aktiviere ich damit alle meine bewußten und unbewußten Kräfte.

Und je öfter ich diese Bilder als konkrete Ziele vor meinem geistigen Bildschirm entstehen lasse, um so mehr Energie fließt ihnen für die Verwirklichung zu.

Ich sehe meine Ziele mit geschlossenen Augen deutlich vor mir, und das gibt mir die Kraft und Sicherheit, daß ich sie erreichen werde.

Meine positive Ausstrahlung signalisiert: Der/die weiß genau, was er/sie will und scheint ein Mensch zu sein, der erreicht, was er sich vorgenommen hat.

53
Der Weg ist das Ziel

Eine fernöstliche Weisheit sagt: »Der Weg ist das Ziel!«

Manche verstehen darunter, daß das Erreichen des Zieles anscheinend doch nicht so wichtig ist, wenn ich mich nur um den rechten Weg bemühe. Richtig interpretiert bedeutet es, daß ich mein Ziel dadurch erreiche, daß ich mich um den rechten Weg bemühe.

Daß ich also täglich so handle, als wäre heute der wichtigste Tag, um das Erreichen meines Zieles zu beeinflussen. Wenn ich dabei aber stets an mein Ziel denke, so kann ich nicht mit voller Aufmerksamkeit mein Bestes geben.

Der Weg ist das Ziel heißt auch, daß jedes noch so unbedeutende Teilziel dazu beiträgt, mein großes Ziel zu verwirklichen. Und je besser die erreichten Teilziele sind, um so besser ist auch das Gesamtergebnis.

Täglich mein Bestes zu geben und damit den Weg zum Ziel machen heißt, nach einer gewissen Vollkommenheit zu streben. Und darauf achte ich heute.

54
Ich mache den ersten Schritt

Auch wenn ich bereits auf einem sehr erfolgreichen Weg bin, betrachte ich meine eigene Situation von Zeit zu Zeit kritisch und mit Abstand.

Dazu beantworte ich mir folgende Fragen offen und ehrlich:

1. Womit bin ich zur Zeit unzufrieden? Welche Situationen meines Lebens möchte ich verändern?
2. Wie sollte mein Leben idealerweise aussehen, wenn ich die optimalen Voraussetzungen hätte, um mein Leben so zu gestalten, wie ich es mir wünsche?
3. Was hindert mich noch daran, so zu leben, wie ich es mir idealerweise wünsche?

Wenn ich mir diese drei Fragen beantwortet habe, dann habe ich eine gute Bestandsaufnahme meiner Ist-Situation. Die nächste Überlegung ist nun, was tue ich, um die Dinge zu verändern, die mich hindern.

Was tue ich konkret und vor allem, bis wann tue ich es? Und damit es mir leichter fällt, zu beginnen, überlege ich mir nun gleich den ersten Schritt, den ich am besten noch heute mache.

55
Ich arbeite systematisch

Als erfolgreiche Persönlichkeit konzentriere ich meine Aufmerksamkeit und mein Tun auf das, was mich meinem Erfolg auch wirklich näherbringt.

Sicher steckt mein Tag auch voller Überraschungen und läuft nicht immer vorhersehbar ab. Die Frage ist nur, wie ich mit den Überraschungen umgehe.

Werfen unangenehme Überraschungen meinen ganzen Tagesplan über den Haufen? Verführen mich angenehme Überraschungen dazu, das, was ich gerade tue, liegenzulassen und mich dem Angenehmen zu widmen?

Oder bin ich so diszipliniert, daß ich bei unvorhergesehenen Dingen zuerst prüfe, ob und welche Priorität diese Dinge jetzt und heute wirklich haben. Und natürlich, wie ich diese Dinge in meinen Tagesplan einordne.

Über angenehme Dinge freue ich mich und nutze diese zusätzliche Energie, um meine momentanen Aufgaben noch leichter und schneller zu erledigen.

56
Ich denke nur an die Erfolgsmöglichkeit

Um erfolgreich zu sein, beschäftige ich mich nur noch mit konstruktiven Dingen, wie mit meinen Zielen, Wünschen, Möglichkeiten und Chancen.

Alle anderen Dinge negativer Art werden nur besprochen, wenn es wirklich notwendig ist. Ich brauche mir nicht den ganzen Tag irgendwelche Sorgen vorzuhalten, die zum größten Teil auch noch unbegründet sind, nur um eine Lösung zu finden.

Es nützt weder mir noch anderen, wenn ich ihnen bedauerliche Umstände immer und immer wieder erzähle. Und über Krankheiten rede ich entweder mit meinem Arzt oder überhaupt nicht.

Denn jeder Gedanke ist eine erneute Ursache. Und ich brauche mir nur bewußt zu machen, was die Summe meiner Ursachen ergeben soll.

Nur positive, aufbauende Gedanken können positive, erfreuliche Ergebnisse bewirken.

Heute konzentriere ich mich ganz bewußt auf konstruktive Gedanken, indem ich nur daran denke, wie ich meine Ziele erreiche.

57
Ich weiß, es geht

Ich mache mir also nur Gedanken darüber, wie und warum etwas geht.

Alle Diskussionen und eigene Zweifel weise ich strikt zurück. Es gibt immer Gründe, warum etwas nicht geht.

Es gibt aber noch viel mehr Gründe, warum es doch geht. Sobald ich ins Zweifeln kommen sollte, setze ich mich hin und nehme mir ein großes leeres Blatt. Ich schreibe darauf mein Ziel und darunter die Frage: »Was spricht alles dafür, daß ich mein Ziel erreiche?«

Und nun nehme ich mir solange Zeit, bis ich auf dem Blatt eine ganze Reihe von Gründen notiert habe, die mich wieder überzeugen. Dieses Blatt trage ich solange bei mir und lese es so oft wieder laut durch, bis ich innerlich wirklich felsenfest davon überzeugt bin, daß ich dieses Ziel erreiche.

Also, was spricht dafür, daß ich mein Ziel erreiche?
Ich mache mir jetzt sofort mein Blatt!

58
Ich setze mir Etappenziele

Als erfolgreiche Persönlichkeit wage ich mich auch an große Aufgaben.

Denn große Aufgaben sind nichts weiter als die Summe mehrerer kleiner Aufgaben. Und große Ziele sind nichts anderes als das Aneinanderreihen vieler kleiner Ziele.

Also lasse ich mich von großen Herausforderungen nicht abschrecken, sondern ich teile mir die Arbeit in entsprechende Teilaufgaben ein, die für mich motivierend, realistisch und auch in absehbarer Zeit erreichbar sind.

Ich plane nur soweit voraus, wie ich meine Arbeit überschauen kann. Mit jedem Teilziel, das ich erreiche, wächst gleichzeitig meine Motivation und mein Selbstvertrauen, die Etappen größer zu planen.

Ich mache mir keine Gedanken, wieviele Tage ich arbeiten muß, sondern ich beginne jeden einzelnen Tag motiviert und beende ihn erfolgreich.

59
Ich trainiere meine Fähigkeiten

Um noch erfolgreicher zu sein, trainiere ich meine Fähigkeiten ganz gezielt.

Es hat wenig Sinn, möglichst umfangreiche Fähigkeiten zu entwickeln, solange nicht absehbar ist, daß ich sie wirklich sinnvoll einsetzen kann. Aus unternehmerischer Sicht wäre es geradezu eine Fehlinvestition.

Um sinnvoll zu investieren, definiere ich daher erst einmal mein berufliches Ziel. Was will ich in den nächsten ein bis zwei Jahren erreichen? Nicht das, was ich sowieso erreiche, sondern das, was eine wirkliche Herausforderung darstellt!

Nun kläre ich, welche Fähigkeiten mir noch fehlen, um diese Aufgabe erfolgreich ausführen zu können. Und im dritten Schritt lege ich fest, was mich im Moment am weitesten vorwärtsbringt, denn Erfolgserlebnisse erhöhen meine Eigenmotivation.

Und nun beginne ich systematisch und konsequent mit meinem selbstgewählten Trainingsprogramm.

60
Ich habe Zeit für das Wesentliche

Als erfolgreiche Persönlichkeit gehe ich sorgfältig mit meiner Zeit um.

Gerechterweise habe auch ich, so wie jeder Mensch, alle Zeit zur Verfügung, die es gibt, nämlich 24 Stunden pro Tag.

Als erfolgreiche Persönlichkeit unterscheide ich mich aber ganz klar dadurch von anderen, daß ich mit meiner Zeit erstens sinnvoll und zweitens sorgfältig umgehe.

Sinnvoll ist zum Beispiel alles, was dazu beiträgt, daß ich meine Tagesziele erfülle. Und ich achte dabei sorgfältig darauf, daß ich den Aufwand nicht übertreibe oder sogar unnötige Dinge tue, die mich vom Wesentlichen ablenken.

»Bringt mich das, was ich tue, meinem Erfolg näher?« Diese Frage brauche ich mir nur laufend zu stellen und natürlich auch zu beantworten, um immer wieder auf das Wesentliche zurückzufinden.

Und wenn ich tagtäglich so arbeite, dann habe ich genügend Zeit, um meinen Erfolg auch zu genießen.

3. Kapitel
Lebensenergie und Motivation

Nun, haben Sie sich mittlerweile neue, herausfordernde Ziele gesetzt? Vielleicht fragen Sie sich dann: »Woher nehme ich nur die Energie und Motivation, um sie zu verwirklichen?«

Manche Menschen werden bewundert, weil sie vor Lebensfreude sprühen, voller Tatkraft sind und Begeisterung ausstrahlen, also anscheinend über nie versiegende Energie verfügen. Oder aber, weil sie im richtigen Moment ruhig und gelassen bleiben und sich völlig auf eine Sache konzentrieren können.

Lebensenergie, Eigenmotivation, die Fähigkeiten, sich zu konzentrieren und zu entspannen, innere Ruhe und Kraft, sind nichts, was man entweder hat oder nicht hat, sondern sie lassen sich trainieren, wie viele andere Dinge im Leben auch. Zwei wichtige Voraussetzungen für eine hohe Eigenmotivation und Lebensenergie haben Sie bereits kennengelernt, nämlich: 1. Eine erfolgsorientierte Einstellung zu haben, und 2. genau zu wissen, was Sie wollen.

Dies sind jedoch nur Teilaspekte, denn ausschlaggebend dafür ist die Summe aller unserer Denk- und Verhaltensweisen. Es gilt also nicht nur die Aussage: »Ich bin, was ich über mich denke«, sondern unter anderem auch:

»Der Mensch ist, was er ißt!«

(... und trinkt, und raucht, und körperlich trainiert, und ...)

61
Mein Energiepotential

Als erfolgreiche Persönlichkeit verfüge ich über große schöpferische Kraft und Lebensenergie. Wie kann ich diese Kraft erhalten oder noch besser vergrößern? Zunächst unterscheide ich einmal zwischen meiner rein körperlichen Kraft und meiner geistigen Kraft. Meine körperliche Kraft richtet sich sehr nach meiner Lebensweise, wie ich mich ernähre, Sport treibe, was ich trinke und ob ich rauche.

Natürlich könnte ich sagen, so wie es ist, fühle ich mich doch wohl. Dann werde ich allerdings nie erfahren, um wieviel wohler ich mich fühlen könnte, wieviel energievoller ich sein könnte, wenn ich meine Lebensweise zumindest teilweise verändern würde.

Nach den derzeitigen Erkenntnissen der Medizin könnte der Mensch durchaus 140 Jahre alt werden, und das in geistig und körperlich guter Verfassung.

Das einzige, was ihn daran hindert, ist seine Denk- und Lebensweise und die Umweltbedingungen, die er sich erschaffen hat. Um meine körperliche Energie nicht nur zu erhalten, sondern zu vergrößern, trainiere ich ganz bewußt eine energiebringende Lebensweise.

62
Ich ernähre mich gesund

Ich habe erkannt, daß die Einheit von Körper, Geist und Seele kein leeres Gerede ist, sondern eine möglichst gesunde Basis für ein erfülltes Leben darstellt.

Wie kann ich auf einfache Art einen Einklang herstellen? Nun, auf den Körper bezogen bedeutet es, daß ich ganz bewußt auf richtige Ernährung und ausreichende Bewegung achte.

Unser Körper ist das Wertvollste, was wir haben, und er ist zugleich Wohnung für Geist und Seele. So, wie wir uns in allen äußeren Dingen nur für das Beste entscheiden, so sollten wir uns daher auch bei unserer Nahrung nur für das qualitativ Beste für unseren Körper entscheiden.

Wenn ich ein Auto mit Katalysator fahre, würde ich ihm dann Diesel zumuten? Sicher nicht, denn die Reparatur von Motor und Katalysator würde mich einige tausend D-Mark kosten.

Heute achte ich darauf, daß ich meinen persönlichen Motor nicht mit falscher Nahrung be-laste, sondern durch gesunde Ernährung stärke.

63
Ich gewinne Energie

Wodurch belaste ich meinen Körper übermäßig, und wodurch kann ich ihm Energie zuführen?

Energie gewinne ich zum Beispiel aus allem, was ich als Lebensmittel bezeichnen kann, also Nahrung, die frisch und natürlich ist.

In ganz besonderem Maße also frisches Obst, Gemüse, Salate und Früchte. Je mehr diese Lebensmittel behandelt oder sogar gekocht werden, um so weniger Energie und wertvolle Stoffe bleiben erhalten.

Ich kann mich zwar noch davon ernähren und deshalb heißen sie auch Nahrungsmittel, aber ich gewinne daraus nur wenig Lebensenergie.

Ebenso ist es mit Genußmitteln, wie Süßigkeiten, Alkohol, Kaffee und sogar Schwarztee. Diese Dinge putschen zwar kurzfristig auf, aber sie belasten schon nach kurzer Zeit meinen Energiehaushalt um so mehr.

Frische Obst- und Gemüsesäfte hingegen bringen mir Energie und Tatkraft.

Was tue ich heute bei meiner Ernährung, um bewußt Energie zu gewinnen?

64
Ich bin leistungsfähig

Vielleicht bin ich überzeugt, über viel Energie zu verfügen, und leistungsfähiger zu sein, als manch anderer.

Meine Lebensenergie ist jedoch meine Energie und daher nicht vergleichbar mit der Energie anderer Menschen. Auch wenn ich das Gefühl habe, mehr Energie als andere Menschen zu haben, so heißt das nicht, daß ich persönlich meine optimale Lebensenergie habe.

Denn wie groß diese Kraft wirklich ist und wie positiv sich der Energiegewinn dann auf mich und meine Erfolge auswirkt, das kann ich nur dann erleben, wenn ich bereit bin, entsprechend zu leben und auch geistig alles dafür zu tun.

Allein eine Umstellung im Bereich der Ernährung führt für viele zu der überraschenden Erkenntnis, mit weniger Schlaf auszukommen, dadurch mehr Zeit für sich zu haben, mehr Energie zu besitzen, körperlich und geistig leistungsfähiger zu sein und dadurch mehr Erfolg zu erlangen.

Und mit ausreichend körperlicher Bewegung, möglichst in frischer Luft, kann ich zusätzliche Energie gewinnen.

65
Ich halte mich fit

Eine wichtige Voraussetzung, daß mein Körper die gesunde Nahrung auch sinnvoll nutzen kann, ist eine gute Stoffwechselfunktion meines Körpers. Und die wiederum kann ich durch regelmäßige körperliche Belastung fördern.

Ich habe hierfür vielfältige Möglichkeiten. Wichtig dabei ist, daß ich so Sport treibe, daß ich wirklich etwas profitiere, anstatt mich zu überanstrengen oder meinem Körper sogar zu schaden.

Wenn ich laufe, so laufe ich lieber langsam, so, daß ich dabei noch mit jemandem sprechen könnte. Dafür laufe ich aber etwas länger. 20 Minuten langsam laufen sind wesentlich gesünder als 10 Minuten mit hochrotem Kopf.

Wenn ich im Auto sitze oder an meinem Schreibtisch, so kann ich in kurzer Zeit eine ganze Menge isometrischer Übungen machen, indem ich meine Muskeln sieben bis zehn Sekunden mit maximaler Kraft anspanne und dabei völlig normal weiteratme.

So kann ich zum Beispiel im Sitzen versuchen, meinen Schreibtisch hochzuheben, das Lenkrad zusammenzupressen oder mich vom Sitz hochzudrücken. Ich denke mir selbst Übungen aus, die ich ohne großen Aufwand, aber dafür regelmäßig wiederhole.

66
Schöpferische Kraft fließt durch mich

Als erfolgreiche Persönlichkeit habe ich nicht nur körperliche Energie, sondern ich verfüge auch über große geistige Kraft, die ich immer weiter vermehre.

Ich kann also auch meine geistige Kraft, meine geistige Lebensenergie selbst beeinflussen?

Ja, denn geistige Kraftquelle sagt, daß immer neue Kraft nachfließt, wenn ich offen dafür bin. So, wie ich in einem Sammelbecken frisches Quellwasser sammeln kann, so kann ich auch die schöpferische Kraft und Lebensenergie in mir sammeln oder an mir vorbeifließen lassen.

Durch autogenes Training, Yoga, Meditation und andere Entspannungsübungen sammle ich meine geistigen Kräfte. Damit verfüge ich stets über die notwendige Energie, die ich brauche, um täglich mein Bestes zu geben.

Bei allem, was ich heute tue, sammle ich vorher meine schöpferischen Kräfte, indem ich mich erst kurz entspanne und dann wieder meine ganze Kraft auf die Erfüllung dieser Aufgabe konzentriere!

67
Ich strahle Erfolg aus

Ein äußeres Zeichen meiner geistigen und körperlichen Energie ist meine Körperhaltung. Diese ist jedoch wieder nur eine Folge meiner inneren Haltung.

Fühle ich mich zum Beispiel von Sorgen belastet oder mit Ärger beladen, so wird dies in meiner ganzen Körperhaltung zum Ausdruck kommen.

Mein Gang ist schwerer, die Schultern gebeugter und mein Blick sicher betrübt. Sicher kann ich mich auch daran gewöhnen und damit fertig werden. Aber so wie ich bin, wirke ich auf meine Umwelt, und diese macht sich ein entsprechendes Bild von mir.

Durch meine Haltung zeige ich meine geistige Einstellung.

Als erfolgreiche Persönlichkeit stehe und gehe ich aufrecht, mein Blick ist fest und sicher, und ich strahle aus, daß ich mein Leben erfolgreich gestalte.

Meine innere Haltung ist geprägt von Optimismus. Ich weiß, daß ich auch heute wieder erfolgreich bin in dem, was ich tue.

68
Ich trainiere meinen Geist

Als erfolgreiche Persönlichkeit sorge ich nicht nur für meine körperliche Ernährung und Bewegung, sondern auch für intensive geistige Ernährung und Bewegung.

Geistige Ernährung bedeutet, daß ich meinem Gehirn laufend bewußt neue interessante Informationen zuführe, so wie ich meinem Körper Nahrung gebe.

Und geistige Bewegung bedeutet, daß ich meinen Verstand auch aktiv benutze und nicht nur passiv. Passiv bin ich zum Beispiel dann, wenn ich diesen Text nur lese und zu mir sage: »Na gut – das akzeptiere ich!«

Aktiv hingegen bin ich dann, wenn ich mir anschließend überlege, wie ich das Beste aus diesen Impulsen mache und mir konkrete Aufgaben hierzu vornehme.

Entgegen der weitverbreiteten gegenteiligen Meinung ist unser Gehirn bis ins höchste Alter lernfähig und wird quasi immer intelligenter. Wenn, ja wenn ich es wirklich aktiv nutze und trainiere. Ich entwickle mich ganz systematisch vom Gehirnbesitzer zum Gehirnbenutzer.

Und was bedeutet das heute für mich?

69
Ich entwickle die Kraft in mir

Natürlich achte ich bei meiner geistigen Ernährung auch darauf, daß ich meinem Geist nur hochwertige Nahrung gebe.

So wie ich weder fauliges Obst noch verdorbene Nahrung esse, so halte ich auch negative oder demotivierende Informationen oder Gedanken fern. Ich entscheide mich ganz bewußt, was ich lese, was ich mir anhöre oder was ich mir ansehe.

Kann und will ich es mir erlauben, die geistige Quelle meines Erfolgs zu verunreinigen? Denn, hänge ich negativen Gedanken nach oder verliere mich in unrealistischen Träumereien verliere ich dabei Energie.

Denke ich jedoch an meine bisherigen Erfolge oder an meine konkreten Ziele, so spüre ich, wie sich eine motivierende Kraft in mir entwickelt. Ich erkenne also, je nachdem, worauf ich meine Aufmerksamkeit lenke, verliere ich oder gewinne ich wertvolle Energie.
Welche Chancen hätte denn ein Sportler, wenn er beim Start an frühere Mißerfolge oder ans Verlieren denkt?

Nachdem ich in meinem Leben der Gewinner sein darf und möchte, lenke ich meine Aufmerksamkeit heute auf das, was mir Energie bringt.

70
Ich bin von meinem Erfolg überzeugt

Als erfolgreiche Persönlichkeit vergrößere ich mein persönliches Energiefeld immer mehr.

Die Reichweite und Wirkung meines Energiefeldes oder meiner Aura hängt auch davon ab, wie weit ich mir meiner inneren Kraft bewußt bin und sie durch mich wirken lasse.

Je stärker mein Energiefeld, also meine geistige und körperliche Ausstrahlung ist, desto mehr günstige Umstände und interessante Menschen ziehe ich damit an. Desto mehr Kraft habe ich auch, Widerstände als Herausforderung zu sehen und scheinbar ungünstige Situationen in Chancen umzuwandeln.

Ich kann mein Energiefeld im Laufe der Zeit so weit ausdehnen und vergrößern, daß Mißerfolge kaum noch an mich herankönnen.

Ich schaffe mir ein wirkungsstarkes Energiefeld, indem ich bei allem, was ich tue, eine positive Erwartungshaltung habe. Das heißt, ich strahle geistig und auch körperlich aus, daß ich von mir und meinem Erfolg überzeugt bin.

Heute strahle ich aus, daß ich eine erfolgreiche, energievolle Persönlichkeit bin.

71
Ich schaffe Ordnung

Wodurch gewinne oder verliere ich ebenfalls wertvolle Energie? Im täglichen Leben zum Beispiel dadurch, daß ich entweder Ordnung in allen meinen Angelegenheiten habe oder in Unordnung lebe.

Diese Ordnung kann sich einerseits auf meinen Arbeitsbereich beziehen, denn so wie mein Schreibtisch oder Arbeitsplatz aussieht, so sieht in der Regel auch mein Leben aus. Sie kann sich aber auch auf geistige, seelische oder auch zwischenmenschliche Bereiche beziehen.

Äußere Unordnung ist ein deutliches Zeichen innerer Unordnung. Ganz egal worum es geht.

Lebe ich finanziell in ungeordneten Verhältnissen, so ist dies nur eine Folge innerer Unordnung. Ein unaufgeräumter Arbeitsplatz ist Zeichen einer ungeordneten geistigen Einstellung. Und Durcheinander in meinen zwischenmenschlichen Beziehungen ist ein Zeichen seelischer Unordnung in mir.

Habe ich unaufgeräumte Arbeits- oder Lebensbereiche, so kosten mich diese Energie. Und sie sind für andere ein sichtbares äußeres Zeichen dafür, wie es innerlich um mich steht. Ich schaffe und halte daher Ordnung in allen Lebensbereichen und gewinne daraus Energie.

72
Was ich tue, tue ich mit Begeisterung

Damit ich auch bei meinen täglichen Aufgaben nicht Energie verliere, sondern gewinne, frage ich mich zwischendurch immer wieder: »Bringt mir das, was ich tue, im Moment Energie?«

Sicher sind nicht alle Arbeiten für jeden Menschen gleich motivierend. Aber wenn ich mich bei einer Arbeit ertappe, die mir keine Freude macht, mir also keine Energie bringt, so frage ich mich: »Warum ist das so?«

Und häufig werde ich feststellen, daß es daran liegt, daß ich mit der falschen Einstellung an diese Aufgabe herangehe. Zum Beispiel wenn ich sage: »Jetzt muß ich noch dies machen und dann muß ich noch das machen.«

Die wenigsten Menschen sind begeistert, wenn sie etwas müssen, aber sehr motiviert, wenn sie etwas tun dürfen und Vorteile haben.

Deshalb mache ich mir bei unangenehmen Aufgaben bewußt, welche Vorteile ich dadurch habe, daß ich diese Arbeit erledige. Und ich überlege mir, was es mir zusätzlich an Vorteilen bringt, wenn ich es erstens gleich mache, und zweitens, wenn ich es mit Begeisterung mache.

73
Ich erledige das Unangenehme zuerst

Ich selbst bestimme also, über wieviel Lebensenergie ich verfüge. Ja sogar, ob ich ständig Energie gewinne oder ob ich Energie verliere.

Bei meinen täglichen Aufgaben verliere ich zum Beispiel viel Energie, wenn ich stets die unangenehmen Dinge vor mir herschiebe. Allein schon an dem Ausdruck »vor mir herschieben« erkenne ich, daß dies Energie kostet.

Erledige ich jedoch die unangenehmen Aufgaben zuerst, so gewinne ich daraus Energie für den Rest des Tages, und ich bin frei von der negativen Vorstellung, was noch Unangenehmes auf mich wartet.

Auch wenn im Laufe des Tages überraschend herausfordernde Aufgaben auf mich zukommen, so erledige ich sie sofort und gewinne dadurch neue Tatenergie.

Ich lenke dabei meine ganze Aufmerksamkeit nicht auf die Arbeit, sondern nur auf das zu erwartende Erfolgsgefühl, das ich habe, wenn ich diese Arbeiten sofort erledige.

Erfolgserlebnisse sind eine Quelle neuer Energie und Motivation, und als erfolgreiche Persönlichkeit schöpfe ich diese Quelle voll aus.

74
Ich konzentriere mich auf meinen Erfolg

Bei allem, was ich tue, lenke ich meine ganze Aufmerksamkeit und Konzentration auf diese eine Tätigkeit.

Damit habe ich die größte Chance, daß ich diese Aufgabe zu meiner Zufriedenheit und ohne unnötigen Streß und optimal erledigen kann.

Streß ist die Befürchtung, zuviele Dinge auf einmal geplant zu haben und deshalb nicht alle erledigen zu können. Streß ist also die Angst, etwas nicht zu schaffen. Und diese Angst kostet mich unnötige Energie.

Wenn ich gleichzeitig an zu viele Dinge denke und womöglich auch daran arbeite, zersplittere ich meine Energie und damit meinen Erfolg. Wenn ich einmal an Erfolg denke, weil ich ihn mir wünsche, und dann wieder an Mißerfolg, weil ich im Streß bin, dann kostet mich das nur Energie, und es entsteht durch das ständige hin und her Demotivation.

Deshalb gilt für mich die Regel: »Ich konzentriere mich auf meinen Erfolg, und damit konzentriert sich der Erfolg auch auf mich!«

Mehrmals am Tag stelle ich mir zur Eigenkontrolle die Frage: »Konzentriere ich mich gerade auf meinen Erfolg?«

75
Ich entspanne mich

Als erfolgreiche Persönlichkeit gönne ich mir ganz bewußt Freizeit. Freizeit heißt für mich jedoch nicht einfach arbeitsfreie Zeit, sondern viel mehr noch geistig freie Zeit. Durch Schule und Beruf sind wir so erzogen, daß wir uns ständig über alles mögliche Gedanken machen, schlimmstenfalls sogar Sorgen. Da mein Gehirn zwar leistungsfähiger, aber auch sensibler ist wie ein Computer, sollte ich ihm Zeit gönnen, sich zu regenerieren.

Mein Gehirn braucht denkfreie Zeiten, um die logischen Informationen von der linken Gehirnhälfte auch in die rechte zu transferieren. Im Normalfall geschieht dies in der Nacht, wenn ich schlafe. Um aber auch tagsüber optimal aufnahmefähig zu sein, gönne ich mir mehrmals am Tag einige Minuten tiefer geistiger Entspannung.

Ich setze mich dazu aufrecht hin, schließe die Augen, atme einige Male tief ein und mit einem langen Seufzer wieder aus. So, als würde damit alles von mir abfallen, was mich im Moment gerade belastet.

Und dann stelle ich mir vor, was ich als nächstes erreichen möchte, wie ich diese Aufgabe erfolgreich durchführe, und wie ich mich nach Beendigung dieser Arbeit fühle.

Dies dauert nur zwei bis drei Minuten. Aber es hält mich frisch und geistig hellwach.

76
Ich finde die beste Lösung

Die meisten Menschen sind arbeitsorientiert und versuchen durch Hektik und viel Arbeit erfolgreich zu sein. Die Folge ist, daß zwar viel getan wird, daß aber nicht zwangsläufig das beste Ergebnis erreicht wird.

Wer immer nur arbeitet, hat kaum noch die Möglichkeit, wirklich erfolgreich zu sein, denn er sieht vor lauter Problemen möglicherweise die Lösungen nicht mehr.

Als geduldiger Mensch frage ich zu Beginn meiner Arbeit meine innere Stimme, wie sieht die wirklich beste Lösung aus? Was tue ich, um die beste Lösung zu erreichen, und in welcher Reihenfolge gehe ich vor.

Wenn ich mir vor jeder wichtigen Aufgabe diese Fragen stelle, erhalte ich auch entsprechende Antworten und kann dadurch zielorientiert handeln.

Auf diese Art und Weise erreiche ich nicht nur bessere Ergebnisse, sondern ich werde auch schneller erfolgreich sein als die, die zwar wild, aber blind drauflos arbeiten.

Ich bin geduldig und deshalb schnell und erfolgreich.

77
In der Ruhe liegt die Kraft

Als erfolgreiche Persönlichkeit schaffe ich es immer besser, auch in schwierigen Situationen ruhig zu bleiben.

Je nervöser ich bin, desto geringer ist die Leitfähigkeit meiner Nervenbahnen und desto schlechter sind auch meine Denkergebnisse.

Sobald ich erkenne, daß ich hektisch werde und ungeordnet vorgehe, sage ich mir selbst den Satz: »In der Ruhe liegt die Kraft.«

Je öfter und überzeugter ich diesen Satz wiederhole, desto mehr wird die Aussage Teil meines Verhaltens und meiner Persönlichkeit. Allein schon dadurch, daß ich mir diese Worte bewußtmache, beeinflusse ich meinen Körper und werde ruhiger und gelassener.

In der Ruhe liegt die Kraft.

Ist ein Zauberwort für mich, um das Image einer erfolgreichen Persönlichkeit zu erlangen, die es versteht, auch in noch so kritischen Situationen den Überblick zu bewahren und stets das Richtige zu tun.

78
Ich bin gut motiviert

Als erfolgreiche Persönlichkeit bin ich motiviert. Das Wort Motivation kommt aus dem Lateinischen, von *sich bewegen*. Damit sagt es im Grunde schon aus, worum es wirklich geht, nämlich darum, daß ich mich bewege oder, daß ich in Bewegung bin.

Motivation, wenn sie richtig verstanden wird, bedeutet also Eigenmotivation.

Wie gut bin ich *eigen-motiviert*? So gut, daß ich meine Motivation ausstrahle und damit auf andere motivierend wirke?

Wenn ich selbst keine oder nur wenig Motivation und damit auch Begeisterung ausstrahle, dann habe ich es schwer, andere zu motivieren. Mit Worten kann ich anderen vielleicht »Feuer unter'm Hintern machen«, mit meiner inneren Begeisterung jedoch kann ich »Feuer in den Herzen entfachen«.

Als erfolgreiche Persönlichkeit bin ich selbst stets gut motiviert, denn ich weiß genau, was ich heute, diesen Monat, dieses Jahr und in meinem Leben erreichen möchte, und das spornt mich an!

Ich bin motiviert, denn ich habe klare und herausfordernde Ziele.

79 Ich habe den Willen zum Tun

Entscheidend bei meiner Eigenmotivation ist, daß nicht nur Motivation in Form von Euphorie entsteht, sondern daß der Wille zur Tat entsteht. Daß meine Motivation also so stark ist, daß sie mich veranlaßt, den wichtigsten Schritt zu tun, nämlich den ersten und danach wieder den nächsten und den übernächsten. Motivation muß also zur konkreten Tat führen.

Ich brauche mir aber keine Gedanken darüber zu machen, was ich morgen noch alles für mein Ziel tun muß oder übermorgen. Im Gegenteil, denn genau das würde mich heute schon die Kraft und Energie kosten, die ich für meine heutigen Aufgaben brauche.

Ich bin ganz sicher, daß ich mein Ziel erreiche, wenn ich täglich die notwendigen Schritte tue. Deshalb überlege ich mir jetzt im Anschluß sofort: »Was ist für heute der wichtigste Schritt, den ich zu tun habe, um mein Ziel zu erreichen?«, und darauf lenke ich meine ganze Aufmerksamkeit und Energie.

80
Ich bleibe heiter und gelassen

Als erfolgreiche Persönlichkeit strahle ich eine heitere Gelassenheit aus.

Und meine heitere Gelassenheit macht mich zu einer noch erfolgreicheren Persönlichkeit. Wie funktioniert denn das?

Nun, wir wissen, daß Streß und Anspannung diverse Auswirkungen auf unseren Körper hat. Mit die entscheidendste scheint zu sein, daß die Leitfähigkeit unseres Nervensystems extrem abnimmt, wenn unangenehmer Streß entsteht.

Das bedeutet, daß in diesen Streß-Situationen mein Bewußtsein nicht mehr über die optimale Leistungsfähigkeit verfügt, und damit nur noch zweit- oder drittbeste Lösungen gefunden werden.

Bleibe ich jedoch auch in kritischen Situationen optimistisch gelassen, so bin ich in der Lage, bessere Lösungen zu finden. Und sobald ich hierfür erste Erfolgsbeweise habe, gelingt es mir auch immer besser, gelassen zu bleiben.

Tja, und das macht mich noch erfolgreicher und damit wieder gelassener. Heute bleibe ich gelassen und heiter.

81
Ich bin begeistert

Welchen Nutzen habe ich, wenn ich heute meine Aufgabe bewußt mit Begeisterung erledige?

Persönliche Begeisterung ist einerseits das beste Mittel, um meine Arbeit rasch zu erledigen, denn meine Kreativität, meine Energie und meine Intuition sind wesentlich besser, wenn ich begeistert bin. Andererseits werden durch meine begeisterte Art zu arbeiten andere erfolgreiche Menschen auf mich aufmerksam.

Und mit wem möchte ich selbst lieber zu tun haben? Mit Menschen, die stets mißmutig sind oder mit Menschen, die selbst ihre Arbeit frohgelaunt ausführen?

Und wieviele Menschen sehe ich jeden Tag, die wirklich begeistert sind? Es sind leider wenige! Aber gerade, weil es so wenige sind, fallen sie auf und ziehen andere Menschen magnetisch an.

Je mehr ich ausstrahle, daß das, was ich tue, die Idee, die ich vertrete oder das Ziel, das ich erreichen möchte, lohnenswert ist, daß es Spaß macht, sich dafür einzusetzen, desto eher werden andere Menschen bereit sein, mich zu fördern und dadurch selbst auch ein Stück Begeisterung erleben.

Heute bin ich begeistert!

82
Ich bin innerlich überzeugt

Ich bin begeistert und stecke damit auch andere Menschen an, mehr von sich selbst und ihrer Tätigkeit begeistert zu sein.

Es genügt aber nicht, wenn ich Begeisterung vorspiele, denn dann werde ich schnell durchschaut und nicht mehr ernst genommen. Und wenn ich mir das Image eingehandelt habe, nur zu spielen, dann werde ich es auch dann schwer haben, andere zu überzeugen, wenn ich wirklich begeistert bin.

Um wirkliche Begeisterung auszustrahlen, ist es notwendig, innerlich überzeugt zu sein, voll hinter der Idee oder der Sache zu stehen und mich mit ganzem Herzen dafür einzusetzen.

Die Grundlage für Begeisterung ist also die innere Überzeugung. Die Überzeugung, daß das, was ich tue, gut ist und daß ich damit auch anderen Menschen einen Nutzen biete.

Bei allem, was ich tue, sollte ich mir daher nicht nur überlegen, welche Vorteile es für mich hat, sondern welche Vorteile auch andere davon haben.

Was tue ich heute, um meinen eigenen Zielen näherzukommen, und welche Vorteile hat das für andere?

83 Ich mache Erfolg zu meinem Hobby

Ich lenke meine Aufmerksamkeit nur auf meinen Erfolg und gewinne damit die notwendige Begeisterung für mein Tun.

Was bedeutet eigentlich Begeisterung? Meistens sehen wir nur die Wirkung, wenn jemand begeistert ist. Ich bin begeistert, bedeutet, es steckt der Geist einer Idee oder eines Zieles in mir. Ich bin also von einer Sache oder für eine Sache begeistert.

Ist dies nicht der Fall, so ist es nur blinde Begeisterung, die ebenso schnell verlöscht wie ein Strohfeuer, und ich bin bald wieder ent-geistert. Bin ich jedoch von meinen Zielen begeistert, so habe ich es geschafft, Erfolg zu meinem Hobby zu machen, und ich kann fühlen, wie das Feuer der Begeisterung in mir brennt.

Um mich für Ziele begeistern zu können ist es wichtig, daß ich in der Lage bin, mich für mich selbst zu begeistern. Daß ich davon überzeugt bin, Großartiges zu erreichen.

Schließe ich die Augen, dann sehe ich mich als Persönlichkeit, die diesen Geist oder diese Begeisterung förmlich von innen heraus ausstrahlt. Ich bin von mir selbst und von meinen Zielen begeistert und strahle dies auch aus.

84
Ich gehe sorgfältig mit meiner Energie um

Als erfolgreiche Persönlichkeit gehe ich mit meiner Energie sinnvoll und sparsam um.

Ich versuche also, mit möglichst geringem Aufwand möglichst viel zu erreichen. Je weniger ich allerdings von meinem eigenen Erfolg überzeugt bin, um so mehr Energie, also persönlichen Willen muß ich aufwenden, um erfolgreich zu sein.

So wie ich mit meinem Geld unternehmerisch sorgfältig umgehe, so mache ich es auch mit meiner Energie.

Wenn ich also ein Ziel anstrebe, so treffe ich vorher die Entscheidung, wieviel Energie ich dafür aufwenden will und kann. Und ich überlege sorgfältig, wofür ich die Energie investiere.

Vor jeder Tätigkeit kann ich mich fragen: »Ist dies eine sinnvolle Energie-Investition im Hinblick auf meine Ziele?«

Wenn ich konsequent so arbeite, werde ich schnell Energiereserven, auch noch am Ende des Tages, feststellen. Und damit bin ich auch in der Lage, meinen Erfolg noch zu genießen.

85
Ich tanke Motivation

Um Motivation und Energie zu gewinnen, halte ich mich nur noch an den Plätzen und in der Atmosphäre auf, die mich begeistern und motivieren.

Die stärksten Eindrücke auf mein Unterbewußtsein haben meine aktiven Erlebnisse, also die Bilder, die ich visuell aufnehme. Diese bildhaften Erlebnisse gehen sofort in mein Langzeitgedächtnis und werden dort abgelegt. Jede Sekunde meines Lebens ist so archiviert.

Aus der Summe all dieser Eindrücke wird meine Persönlichkeit geformt. Sogar jedes Fernsehbild oder jeder Kinofilm, der von mir gefühlsmäßig miterlebt wird, beeinflußt so meine erfolgreiche Zukunft.

Nachdem ich dies weiß, fällt es mir sicher leichter, zu entscheiden, in welchen Lokalen ich esse, wo ich meine Freizeit verbringe, welche Filme ich mir ansehe und welche Zeitschriften ich lese.

Je konsequenter ich mich für mein eigenes positives Erleben entscheide, um so mehr Lebensfreude spüre ich nicht nur selbst, sondern strahle sie auch auf andere Menschen aus.

86
Ich gestalte meine persönliche Umgebung

Als erfolgreiche Persönlichkeit gestalte ich meine ganz persönliche Umgebung so positiv und aufbauend, daß ich dadurch Energie gewinne.

Ich beginne damit zum Beispiel in meiner eigenen Wohnung. Hat meine Wohnung eine freundliche und motivierende Wirkung auf mich?

Oft sammeln sich im Laufe der Jahre viele Dinge an, die wir geschenkt bekommen oder selbst gekauft haben. Viele davon passen vielleicht heute nicht mehr zu mir, aber ich habe bisher nicht den Mut gefunden, mich von ihnen zu trennen, obwohl sie mich möglicherweise sogar stören.

Wie sieht mein Arbeitsplatz aus? Vielleicht ist es der Platz, an dem ich tagtäglich bewußt am meisten Zeit verbringe. Habe ich ihn so gestaltet, daß er mich wirklich motiviert? Entsprechen meine Wohnung, mein Arbeitsplatz, mein persönliches Umfeld und meine Garderobe den Vorstellungsbildern für eine erfolgreiche Persönlichkeit?

Ich muß ja nicht gleich umziehen. Oft genügt es, wirklich Ordnung zu schaffen, das wegzuräumen, was nicht mehr zu mir paßt und Licht und Sonne hereinzulassen. Was in meinem persönlichen Bereich kostet mich Energie? Und was tue ich noch heute, um es zu ändern?

87
Ich lasse Altes los

Als erfolgreiche Persönlichkeit bin ich auch bereit, auf meinem Weg zum Erfolg Altes loszulassen.

Wenn ich mir neue Gewohnheiten antrainiere, die mich erfolgreicher machen sollen, so muß ich auch bereit sein, dafür alte Gewohnheiten aufzugeben. Auch wenn diese besonders vertraut oder sogenannte liebgewordene Gewohnheiten sind.

Sobald meine alten Gewohnheiten im Gegensatz zu dem stehen, was ich erreichen möchte, muß ich bereit sein, sie aufzugeben.

Gleiches gilt für die Einstellung zu meiner Lebensenergie und Motivation. War ich bisher der Meinung, daß ich nicht den Erfolg haben kann, den ich mir wünsche, weil ich zuwenig Energie habe, so muß ich bereit sein, diese Meinung aufzugeben und eine neue Einstellung trainieren. Denn nur dann kann ich wirklich neue Energie und Motivation gewinnen.

»Ich habe genügend Energie, um all das zu erreichen, was ich will, und ich bin stets gut motiviert und strahle Begeisterung aus«, ist die richtige Einstellung hierfür.

88
Ich habe ein gutes Gedächtnis

Ein Zeichen geistiger Energie ist mein gutes Gedächtnis. Ich muß mir zwar nicht alles merken können, aber ich kann mir die Dinge, die wichtig für mich sind, gut merken.

Allerdings beginnt ein gutes Gedächtnis bereits wieder mit der richtigen Einstellung, und die lautet: »Ich habe ein wirklich gutes Gedächtnis«, anstatt »Ich kann mir nichts merken« oder »Ich vergesse einfach alles«.

Warum sollte mein Unterbewußtsein motiviert sein, sich etwas zu merken, wenn ich nicht daran glauben kann, mein Wissen je wieder abzurufen?

Mein Gehirn hat eine Speicherkapazität für mehrere hundert Lebensjahre, also kann ich mir locker alles merken, was wichtig ist.

Die Kunst besteht darin, mein Wissen wieder abzurufen, und auch das gelingt mir mit der richtigen Einstellung immer besser.

Ich habe ein wirklich gutes Gedächtnis und kann mir jederzeit mein Wissen bewußtmachen, so wie ich es brauche.

89
Ich steigere mein Leistungsvermögen

Als erfolgreiche Persönlichkeit gehe ich mit meiner Lebensenergie sinnvoll um.

Ich stelle mir vor, ich habe bei meiner Geburt ein Startkapital an Energie bekommen, etwa so wie das Spielgeld bei Monopoly. Und nun kann ich dieses Startkapital sinnvoll oder weniger sinnvoll investieren.

Sinnvoll investiere ich dann, wenn sich mein persönliches Leistungsvermögen dadurch steigert. Denn je größer mein Leistungsvermögen wird, um so größer wird auch wieder meine Energie.

Aber würde ich jemandem zum Beispiel immer mehr Geld leihen, wenn er mir ständig beweist, daß er nicht sinnvoll damit umgehen kann? Unsere Lebensenergie ist auch eine Art schöpferische Leihgabe. Und je sinnvoller wir damit umgehen, um so mehr erhalten wir davon, um größere und interessantere Aufgaben und Ziele zu erreichen.

Heute nutze ich den Tag, um mir bewußt zu machen, wofür ich meine Energie ausgebe und wie ich sie am sinnvollsten einsetze.

90
Ich setze meine Lebensenergie sinnvoll ein

Sind Erfolg und Wachstum nur eine Sache von menschlichem Ehrgeiz oder ein natürlicher Vorgang?

Ein Blick in die Natur zeigt mir, wie einfach und klar das Prinzip funktioniert. Jede Pflanze hat als Auftrag in sich gespeichert, das Beste aus den angetroffenen Wachstumsbedingungen zu machen und sich zu vollendeter Größe und Schönheit zu entwicklen.

Auch ich habe als natürlichen Auftrag in mir gespeichert, das Beste aus meinen Voraussetzungen zu machen und mich zu einer erfolgreichen Persönlichkeit zu entwickeln. Dazu habe ich noch die Fähigkeit erhalten, meine Erfolgsvoraussetzungen selbst zu verändern.

Ich erkenne, daß ich also nicht nur das Recht auf ein erfolgreiches, erfülltes Leben habe, sondern sogar die Verpflichtung, meine Lebensenergie sinnvoll zu nutzen, um mich zu entwickeln und erfolgreich zu sein.

Als erfolgreiche Persönlichkeit bin ich dankbar für meine wachsende Lebensenergie und für meine begeisternde Eigenmotivation.

4. Kapitel
Neues Bewußtsein und Selbstvertrauen

Würden Sie jemandem in den wichtigsten Angelegenheiten Ihres Lebens Vertrauen schenken, den sie nur sehr oberflächlich kennen? Würden Sie Ihre Zukunft jemandem anvertrauen, von dem Sie nicht genau wissen, ob er auch wirklich in der Lage ist, die Dinge zu Ihrem Besten zu regeln?

Dieses Kapitel soll Sie anregen, sich mit den tieferen (oder höheren?) Ebenen unseres menschlichen Seins zu beschäftigen und dadurch ein neues Bewußtsein für sich selbst, Ihr Leben, Ihre Chancen und Möglichkeiten, Ihre Umwelt, Ihre Verantwortung und die gesamte Schöpfung zu entwickeln.

Oftmals erst dann, wenn der körperliche oder geistige Druck zu groß wird, erinnern wir uns, daß wir eine Seele haben, die uns hoffen läßt, uns Mut und Kraft gibt, und uns schon oft aus ausweglosen Situationen geholfen hat.

Neues Bewußtsein bedeutet, sich dieser seelischen Kraft jederzeit bewußt zu sein, Vertrauen in sich selbst zu haben, jede Herausforderung des Lebens dankbar als Wachstumschance zu begreifen und anzunehmen, und darauf zu vertrauen, daß wir alle Kraft in uns haben, die wir brauchen, um unsere Zukunft so zu gestalten, wie wir es wollen.

**»Neues Handeln erfordert neues Denken,
neues Denken erfordert neues Bewußtsein.«**

91
Heute ist mein Tag

Als erfolgreiche Persönlichkeit lebe ich nach der Devise: »Heute ist mein Tag!«

Das heißt nicht, daß ich mit anderen in Konkurrenz trete, sondern, daß ich bereit bin, heute wieder meinen Erfolg zu gestalten und auch anzunehmen. Ich lebe in der festen Erwartung, heute meinem Erfolg wieder ein großes Stück näherzukommen.

»Heute ist mein Tag«, bedeutet, daß ich wirklich auch mein Bestes gebe, um das Beste zu erreichen. Die positive Kraft dieser Autosuggestion spüre ich sofort, wenn ich sie voller Überzeugung ausspreche. Gerade in mutlosen Situationen schöpfe ich daraus neues Selbstvertrauen und neuen Mut.

»Heute ist mein Tag«, heißt auch, daß ich mich noch nicht um das Morgen kümmern brauche, wenn ich voller Aufmerksamkeit im Heute lebe.

Für heute habe ich alle Voraussetzungen und Fähigkeiten, die ich brauche, und ich nutze sie auch, denn »heute ist wirklich mein Tag«.

92
Ich lerne aus Erfahrungen

Was ist, wenn ich mein Bestes gebe und trotzdem anstatt des erwarteten Erfolgs nur Mißerfolg habe? Was ist Mißerfolg – gibt es ihn überhaupt?

Sehen wir uns einmal in der Natur um. Angenommen, die Berge wären der Erfolg der Schöpfung. Wären dann die Täler die Mißerfolge? Was wären dann die Berge ohne die Täler?

Ist der helle Tag der Erfolg der Schöpfung und die Nacht der damit verbundene Mißerfolg? Fällt mir damit auf, daß die Schöpfung keinen Mißerfolg kennt?

Es gibt in allem immer nur den sinnvollen Gegenpol, und so gibt es zu Erfolg eben auch Erfahrung als wichtigen Gegenpol, denn was wäre in meiner Zukunft, wenn ich nicht ständig aus neuen Erfahrungen lernen würde?

Ich freue mich also über alle Erfahrungen, die ich mache, denn sie sind die beste Voraussetzung dafür, um neue, schönere Erfolge erreichen zu können, und dafür bin ich jetzt schon dankbar.

93
Ich glaube an mich und meinen Erfolg

Ich selbst setze durch mein positives Denken, Fühlen und Handeln die Ursachen für den Erfolg in meinem Leben. Glaube und Vertrauen, daß dies so ist, sind absolute Voraussetzungen dafür, daß ich die Auswirkungen auch erlebe.

Sobald ich zweifle, daß all meine Anstrengungen auch wirklich mit Erfolg belohnt werden, verringern sich meine Chancen ganz erheblich. Mit jeder Bestätigung, daß ich an meinen Erfolg glaube, leiste ich eine Art Einzahlung auf ein Erfolgskonto. Mit jedem Zweifel hingegen tätige ich eine Überweisung an einen unbekannten Empfänger.

Auch wenn ich für manche Investition nicht sofort eine Quittung, also einen Erfolgsbeweis erhalte, so weiß ich dennoch, daß ich mein geistiges Erfolgsguthaben damit vergrößere. So, wie jedes erfolgreiche Unternehmen, investiere ich eben einen Teil meiner Gedanken in die Zukunft.

Aber, und das ist die Hauptsache dabei, ich weiß ganz sicher, daß ich Erfolg habe, wenn ich mein Ziel konsequent verfolge. Und deshalb macht es mir Freude, auch heute wieder an mich zu glauben und auf meinen Erfolg zu vertrauen.

94
Jedes Problem ist eine Chance

Ich bin von meinem Erfolg absolut überzeugt, denn ich gehöre zu den konstruktiv denkenden Menschen, die sich nicht darüber beklagen, wieviele Probleme sie haben, sondern die sich darüber Gedanken machen, wie die Lösungen aussehen.

Warum gibt es eigentlich so viele Probleme? Ganz einfach deshalb, weil jede herausfordernde Situation, jeder kleine Widerstand sofort zum Problem ernannt wird!

Als erfolgsorientierter Mensch ordne ich ungelöste Aufgaben nicht als Probleme, sondern als gegebene Situationen ein.

Dadurch bleibt mein Geist offen für neue Gedanken und intuitive Lösungen. Denn zu jeder ungelösten Aufgabe in meinem Leben gibt es eine Lösung. Und mit jeder Lösung wächst meine Fähigkeit, meine Zukunft erfolgreich zu gestalten.

Denn Erfolg bedeutet auch, an den Herausforderungen des Lebens nicht zu verzweifeln und sie zu beklagen, sondern daran zu reifen und zu wachsen.

95
Alles ist gleich-gültig

Alles in meinem Leben ist gleich-gültig! Es ist ein wesentlicher Unterschied, ob ich sage, mir ist alles gleichgültig oder ob ich erkenne, daß alles die gleiche Gültigkeit hat. Welche Gültigkeit nun die Dinge für mich haben, das hängt von meiner persönlichen Einstellung ab.

Selbst Gut und Böse haben die gleiche universelle Gültigkeit, wie alt und neu oder wie positiv und negativ. Die meisten Menschen reifen durch die eher negativen Phasen im Leben stärker als durch die positiven.

Also haben doch negative und positive Phasen in unserem Leben die gleiche Gültigkeit. Ich erkenne immer mehr, daß alles in meinem Leben die gleiche Gültigkeit hat.

Wenn ich diesen Satz so richtig begriffen habe, fällt es mir leichter, auch den unangenehmen Dingen etwas Angenehmes abzugewinnen.

Zu begreifen, daß alles eine Gültigkeit hat, heißt auch, Unangenehmes zu akzeptieren und das Beste daraus zu machen. Heute mache ich das Beste aus meinen Herausforderungen.

96
Ich erkenne den richtigen Weg

Als erfolgreiche Persönlichkeit erkenne ich.

Erkenne ich für mich selbst, was ich will und was nicht, was ich tue und was nicht, was ich bin und was nicht, oder lasse ich es mir von anderen sagen?

Erkenne ich mich selbst, so wie ich wirklich bin, mit allen Schichten meines Selbstes? Die Selbsterkenntnis ist es, die mir wie ein Bilderbuch die Geschichte über mich selbst erzählen kann und mir ein neues Selbstbewußtsein vermittelt.

Aber so wie im täglichen Leben auch, höre ich nicht immer aufmerksam hin, wenn ich etwas gesagt bekomme und verstehe daher manche Zusammenhänge nicht.

Um mich selbst immer besser zu erkennen, muß ich nur immer gründlicher fragen und eben auch aufmerksam lauschen, was mir meine innere Stimme zu sagen hat. So erkenne ich, was heute für mich wichtig ist, welche Entscheidung richtig ist und was ich zu tun habe!

Als erfolgreiche Persönlichkeit erkenne ich immer mehr aus mir selbst heraus den für mich richtigen Weg.

97
Ich bin offen

Was ist eigentlich Intuition, und wie erreiche ich sie?

Intuition ist das Gegenteil von logischem Denken, also dem Herstellen oder Ableiten von Zusammenhängen, um Lösungen zu finden. Intuition ist plötzliches Wissen von Lösungen, zu denen mir bisher ein Mosaiksteinchen gefehlt hat.

Ist die Grenze zwischen Logik und Intuition dann nicht sehr eng beieinander? Ja, ganz gewiß.

Und die Erkenntnis der Weisen bestätigen, daß Intuition in der Regel dann möglich ist, wenn ich mir vorher schon sehr viele Gedanken zu einem Thema gemacht habe.

Dies scheint eine Art Sicherung zu sein, damit ich gezwungen bin, meinen Verstand intensiv zu nutzen, um nach Lösungen zu suchen, aber gleichzeitig offen bin für intuitive Impulse.

Ich denke daher immer weniger nach und dafür immer mehr voraus.

98
Ich nutze die geistige Kommunikation

Ich verstehe und nutze immer besser die verschiedenen Bewußtseinsebenen für den erfolgreichen Umgang mit anderen Menschen.

Ich kenne die Begriffe der üblichen verbalen Kommunikation und vielleicht auch die nonverbale Kommunikation mit den Bereichen der Gestik und Mimik und der gesamten Körpersprache.

Ich kann diese Bereiche meinem Bewußtsein und Unterbewußtsein zuordnen. Darüber hinaus gibt es jedoch auch noch mein Überbewußtsein, und auch dieses bedient sich einer eigenen Kommunikationsform, nämlich der geistigen oder mentalen Kommunikation.

Ich kann durch mentale Kommunikation meine guten Gedanken oder Wünsche an andere Menschen oder besser deren Überbewußtsein senden, um zum Beispiel meine Beziehung zu ihnen zu verbessern oder sie geistig zu unterstützen.

Entscheidend dabei sind jedoch meine wirklichen guten Absichten, die ich vermitteln möchte.

99
Ich lebe im Reichtum

Wann bin ich reich? Mit einer Million, mit zwei oder mit zehn Millionen? Sicher denken die meisten Menschen bei Reichtum an Geld, Besitz und Luxusleben, aber warum?

Die wirklich Reichen im Sinne von materiellem Reichtum würden über solche Beträge nur lächeln. Weit entscheidender als alle materiellen Dinge ist das Bewußtsein, reich zu sein, das ständige positive Gefühl, im Reichtum zu leben.

Bin ich reich an Erfahrungen, reich an Ideen, reich an guten zwischenmenschlichen Beziehungen, reich an guten Freunden? Reich an Dankbarkeit und Liebe, bin ich also innerlich reich? Nicht alle Reichen sind glücklich, aber alle Glücklichen reich.

Als erfolgreiche Persönlichkeit mache ich mir bewußt, was außer meinem materiellen Erfolg dazu beiträgt, mein Gefühl von innerem Reichtum zu vergrößern, denn je reicher ich selbst innerlich bin, um so eher bin ich bereit, andere daran teilhaben zu lassen.

100
Ich vertraue auf mein wahres Selbst

Zum Thema Selbstvertrauen brauche ich mich nur an die Geschichte der drei Götter erinnern, die sich Gedanken machten, wo sie die Weisheit verstecken sollten, damit sie von den Menschen nicht so leicht entdeckt wird.

Der erste Gott war für den höchsten Gipfel der Erde, der zweite Gott für die tiefste Stelle der Meere. Der dritte Gott aber war der Meinung, daß an beiden Plätzen die Menschen am ehesten suchen würden. Deshalb schlug er vor, die Weisheit in den Menschen selbst zu verbergen, denn er war ganz sicher, daß dort zuletzt gesucht würde. Und so wurde es gemacht.

Mein wahres Selbst oder meine höhere Weisheit sitzt in mir, und ich kann darauf vertrauen, daß ich von dort die Impulse bekomme, die ich brauche, um alle Situationen meines Lebens erfolgreich zu bestehen.

Wenn ich unsicher bin, dann bin ich unsicher, nicht aber mein Selbst. Meine Erfahrung ist unsicher, aber als erfolgreiche Persönlichkeit vertraue ich von Tag zu Tag weniger auf meine Erfahrungen und dafür mehr auf mein wahres Selbst.

101
Ich erkenne mein wirkliches Vermögen

Wie groß ist eigentlich mein Vermögen?

Vielleicht denke ich bei dem Wort Vermögen ähnlich wie bei Reichtum zuerst an Geld oder andere Werte. Aber sind sie mein wirkliches Vermögen?

Sie sind höchstens ein Teil meines materiellen Vermögens, aber sie haben nichts mit meinem wahren Vermögen zu tun, nämlich mit dem, was ich zu tun, zu denken oder zu erkennen vermag.

Darin liegt mein wirkliches Vermögen, in den Fähigkeiten meines Körpers, meines Geistes und meiner Seele.

Ich kann dieses Vermögen anscheinend grenzenlos erweitern, wenn ich mich entsprechend darin übe. Bevor ich jedoch ein noch größeres derartiges Vermögen verwalten kann, werde ich immer wieder geprüft, wie ich mit meinem jetzigen Vermögen haushalte.

Als erfolgreiche Persönlichkeit mache ich mir bewußt, daß ich für mein Vermögen, also meinen Körper, meinen Geist und meine Seele selbst verantwortlich bin.

102
Ich fördere mein Selbstvertrauen

Die Frage nach dem persönlichen Vermögen lohnt sich ganz besonders für diejenigen, die eher zuwenig als zuviel Selbstvertrauen haben.

Alle Reichtümer sind vergänglich, aber nicht mein Geist und darin enthalten mein Vermögen.

Um Bilanz zu ziehen, wie vermögend ich bin, lege ich mir jetzt gleich einmal einige Listen an. Auf der ersten steht »ich kann« – und ich schreibe alles auf, was ich kann, auch die scheinbar unbedeutendsten Dinge. Auf der zweiten steht »ich bin« – und hier mache ich es ebenso.

Ich weiß, daß dies nichts mit Eigenlob zu tun hat, sondern mit der Förderung meines Selbstvertrauens.

Und selbstverständlich darf ich als erfolgreiche Persönlichkeit auch eine Liste anlegen mit dem Titel »ich habe«.

103
Ich lenke meine Aufmerksamkeit nach innen

Niemand kann mir irgendetwas geben, solange ich mir dies nicht selbst zu geben vermag!

Suche ich nach Anerkennung von außen, so werde ich sie erst dann fühlen, wenn ich mich selbst anerkannt habe, so wie ich bin. Hoffe ich auf Sicherheit durch Absicherung, so bin ich erst dann wirklich sicher, wenn ich selbst-sicher bin.

Versucht mir jemand Liebe zu schenken, so kann ich sie auch erst dann annehmen, wenn ich begonnen habe, mich selbst zu lieben.

Je mehr ich meine Aufmerksamkeit nach außen lenke in der Hoffnung, dort auch nur irgendetwas zu finden oder zu entdecken, desto weniger werde ich mich selbst erkennen und desto weniger werde ich verstehen.

Als erfolgreiche Persönlichkeit lenke ich daher meine ganze Aufmerksamkeit immer mehr nach innen, schenke mir selbst Aufmerksamkeit, Anerkennung und Liebe und erhalte dadurch auch viel von anderen.

104
Ich übernehme Verantwortung

Sind meine Gedanken und auch ich frei?

Ja, denn unser Universum funktioniert nach dem Prinzip der freien Entscheidung. Ich habe die Möglichkeit, mich frei zu entscheiden, wie mein Leben aussehen soll.

Und ganz egal in welcher Lebenssituation ich mich befinde, ich habe vorher die Entscheidung getroffen, in dieser Situation zu sein. Auch wenn mir die Situation nicht gefällt und ich sie scheinbar nicht verursacht habe, so bin ich doch die Ursache dafür. Denn ich habe zumindest entschieden, das Spiel bis zu einem gewissen Zeitpunkt mitzuspielen.

Ich bin also nicht nur verantwortlich für das, was ich in meinem Leben selbst entscheide, sondern auch für das, was ich in meinem Leben durch andere zulasse.

Ich übernehme immer eindeutiger die Verantwortung für alle Situationen meines Lebens, und dadurch werde ich frei.

105
Ich tue heute, was heute zu tun ist

Ich schöpfe mein Selbstvertrauen aus dem Wissen, daß ich alle Fähigkeiten habe, die ich heute brauche. Und ich brauche heute nur das zu können und zu tun, was für heute wichtig ist.

Auch wenn im Laufe der Woche noch Aufgaben auf mich zukommen, von denen ich heute noch nicht weiß, wie ich sie löse, so bin ich dennoch optimistisch und voll Selbstvertrauen.

So wie ich heute das kann und tue, was heute wichtig ist, so werde ich auch in einigen Tagen das können und tun, was dann angesagt ist. Aber darüber brauche ich mir heute noch keine Gedanken zu machen.

Ich denke heute nur an das, was heute zu tun ist, und da ich weiß, daß ich das schaffe, bin ich optimistisch und voll Selbstvertrauen.

106
Ich vergleiche mich nur mit mir selbst

Als erfolgreiche Persönlichkeit orientiere ich mich nur an meinen eigenen Leistungen.

Wenn ich beginne, mich mit anderen zu vergleichen, dann gibt es zwei Möglichkeiten. Entweder ich baue ein übertriebenes und falsches Selbstwertgefühl auf, wenn ich mich mit Menschen vergleiche, die anscheinend weniger erreicht haben als ich oder mein Selbstwertgefühl sinkt, wenn ich mich mit anderen vergleiche, die anscheinend mehr erreicht haben.

Aber was ist schon mehr oder weniger. In meßbaren Bereichen läßt sich das zwar noch ablesen, aber haben überhaupt die anderen, mit denen ich mich vergleiche, dieselben Ziele wie ich?

Wohl kaum, also entbehrt ein Vergleich mit anderen immer einer sinnvollen Grundlage.

Damit ich aber dennoch sportlichen Ehrgeiz entwickeln kann, suche ich mir einen angemessenen Partner, nämlich mich selbst! Und ich bemühe mich, jeden Tag meine Aufgaben ein bißchen besser zu erfüllen als am Tag vorher!

107
Ich bin dankbar für meinen Erfolg

Ich nehme mir die Zeit, dankbar auf meine Erfolge zurückzublicken.

Bei dem Gefühl der Dankbarkeit entwickelt sich nach der Frage »wofür« als nächstes die Frage »wem bin ich dankbar?« Mir selbst, ja, durchaus. Und anderen natürlich, die meinen Erfolg ermöglicht haben. Ja ebenfalls.

Aber darüber hinaus gibt es noch die höhere Führung, bei der ich mich dafür bedanke, daß ich so erfolgreich bin. Auch wenn vielleicht nicht alles wunschgemäß verlaufen ist, so sollte ich dennoch dankbar sein.

Dankbarkeit ist die beste Übung, um Intuition und höhere Führung immer stärker durch unser Bewußtsein wirken zu lassen.

Intuition ist feiner Geist, der sich besser in harmonischer Schwingung entwickelt. Dankbarkeit ist Harmonie mit der Vergangenheit, um die richtige Intuition für die Zukunft zu erhalten.

108
Ich lebe im Hier und Jetzt

Ich lebe und handle immer bewußter im Hier und Jetzt.

Auch das ist ein Geheimnis, wie es mir gelingt, ohne Probleme zu leben. Denn Probleme gibt es in der Realität nicht, sie entstehen nur in meinem Kopf. Ich mache mir meine Probleme. Immer dann, wenn ich vergesse im Hier und Jetzt zu leben, dann schaffe ich mir Probleme.

Wenn ich daran denke, was morgen, nächste Woche, überhaupt in der Zukunft möglicherweise alles geschehen könnte, dann kann ich dafür noch keine Lösungen haben. Und das wird dann zum Problem.

Alles theoretische Nachdenken oder Spekulieren ist und bleibt unsicher, solange bis ich eine konkrete Situation habe. Konkrete Situationen habe ich aber immer nur im Hier und Jetzt. Und dafür gibt mir auch mein Geist im Hier und Jetzt die richtige Lösung.

109
Ich habe ein klares Bewußtsein

Als erfolgreiche Persönlichkeit weiß ich, daß in meinem gesunden Körper nicht nur gerne ein gesunder Geist wohnt, sondern daß ein gesunder Körper auch dazu beiträgt, ein höheres Bewußtsein zu erlangen.

Mein Bewußtsein besteht nicht nur aus meinem Verstand, also meiner Logik, sondern auch aus dem Unter- und Überbewußtsein. Höheres Bewußtsein bedeutet also, daß alle drei Bewußtseinsbereiche gleichermaßen aktiv sind.

Mein Bewußtsein ist wie ein hochempfindliches Instrument, wie ein wertvolles Werkzeug, mit dem ich mein Leben gestalten und formen kann. So wie ein Bildhauer auch nur mit einem scharfen Messer feinste Arbeiten ausführen kann, so kann auch ich nur mit einem klaren Bewußtsein mein Leben optimal gestalten.

Als erfolgreiche Persönlichkeit vermeide ich alles, was mein Bewußtsein beeinträchtigen, benebeln, trüben oder sogar vorübergehend außer Betrieb setzen könnte.

Nur ein großes Bewußtsein schafft große Erfolge.

110
Ich erfülle meine Aufgabe

Ich verstehe den Sinn und Zweck meines Lebens immer deutlicher und erkenne meine Lebensaufgabe immer klarer.

Diese Welt ist eine sogenannte Kausalwelt, das heißt, es gibt für jede Wirkung eine Ursache, und aus jeder Ursache wird auch wieder eine Wirkung. Wenn das so ist, dann bin ich selbst einerseits die Auswirkung von bestimmten Ursachen und andererseits bin ich selbst auch Ursache dafür, wie mein Leben aussieht.

Was hat das mit meiner Lebensaufgabe zu tun? Wenn ich selbst Auswirkung bin, dann bin ich deshalb so wie ich bin, damit ich genau die richtige Ursache setzen kann. Allerdings kann diese Ursache wiederum nur ich so setzen, weil ich einzigartig bin.

Alles deutet also darauf hin, daß es für jeden Menschen eine ganz bestimmte Aufgabe zu erfüllen gibt. Und je bewußter und lieber ich diese erfülle, desto besser sind die Ursachen, die ich setze.

Ich erfülle meine Lebensaufgabe gern.

111
Alles ist möglich

Als erfolgreiche Persönlichkeit bin ich offen für neue Gedanken und Ideen.

Das heißt nicht, daß ich sofort meine bisherige Einstellung oder Meinung über Bord werfe, sondern ich nutze meinen Verstand, um mir zu überlegen, ob und welchen Vorteil die neue Idee haben könnte.

Viele gute Erfindungen wurden anfangs als Unfug abgetan oder als nicht durchführbar bezeichnet. Das Telefon zum Beispiel wurde bei seiner Erfindung als Bauchrednerkunst abgetan und belächelt.

Wenn mir also neue außergewöhnliche Ideen und Impulse mitgeteilt werden, so hüte ich mich vor einem schnellen Vorurteil. Außerdem gewinne ich immer mehr Mut, mir selbst über ungewöhnliche Lösungsmöglichkeiten und außergewöhnliche Wege Gedanken zu machen.

Denn nichts ist unmöglich – aber alles ist möglich, wenn ich will!

112
Ich lebe bewußter

Ich denke, fühle und handle immer bewußter. Ich lebe also immer mehr nach meiner wirklichen inneren Überzeugung und Einstellung.

Und je eindeutiger ich mich so verhalte, je wahrhaftiger ich also bin, desto weniger Energie brauche ich für meine eigene Wirkung, und desto mehr Energie fließt in die Verwirklichung meiner Ziele.

Ich erlebe auch jeden Teilerfolg bewußt als Erfolg und als weiteren Schritt auf dem Weg zur Verwirklichung meiner Vorstellungen.

Um die bewußte Verhaltensweise zu trainieren, konzentriere ich mich immer nur auf eine einzige Aufgabe, an der ich konsequent arbeite, bis sie soweit erledigt ist, wie dies für heute eben möglich ist.

Alle anderen Dinge räume ich zur Seite, so daß ich sie gar nicht erst sehe. Habe ich die Aufgabe erledigt, so freue ich mich ganz bewußt über diesen Teilerfolg und entscheide mich ebenso bewußt für die nächstwichtigste Aufgabe.

113
Ich bin einzigartig

Als erfolgreiche Persönlichkeit bin ich mir meiner Einzigartigkeit bewußt.

Über fünf Milliarden Menschen leben mittlerweile auf der Erde, und doch gibt es keine zwei, die identisch sind. Fünf Milliarden verschiedene Persönlichkeiten.

Leistet sich die Evolution, also die Entwicklung des Menschen einen Luxus oder hat es einen bestimmten Sinn? Das unterschiedliche Aussehen, die unterschiedlichen Fingerabdrücke, sind nur die äußeren Zeichen meiner Einzigartigkeit. Mein Geist, meine Talente und Fähigkeiten sind ebenso einzigartig.

Und diese einzigartige Ausstattung macht nur Sinn, wenn jeder Mensch eine wirklich für ihn bestimmte Aufgabe findet und erfüllt.

Manchen Menschen scheint einfach alles zu gelingen, was sie anpacken. Vermutlich haben sie die Aufgabe gefunden, in der sie ihre Einzigartigkeit voll nutzen können.

Gelingt mir auch schon alles wie von selbst? Worin bestehen meine Fähigkeiten und Talente, was erfüllt mich und macht mir Freude? Denn genau da liegt meine Zukunft.

114
Ich erkenne meine wahren Fähigkeiten

Ich sage ja zu meiner Einzigartigkeit.

Das heißt, ich nehme mich so an, wie ich bin, mit meinen Stärken und mit meinen Schwächen, mit meinen Fähigkeiten und mit meiner Unvollkommenheit.

Ich akzeptiere sie ohne Vorbehalte, und dadurch erlangen sie für mich eine neue Bedeutung, sie geben mir geradezu Botschaften, die ich nur zu verstehen lernen muß.

Wenn ich auf einem Gebiet eine Schwäche habe, dann ist das nicht ein menschliches Defizit, sondern vielleicht die Botschaft, daß ich mich auf dem falschen Gebiet betätige. Und es kann ein Signal sein, daß ich in diesem Bereich etwas tun soll.

Nun kann ich versuchen, möglichst alle Schwächen auszugleichen. Aber dabei lote ich mein wirkliches Potential nicht aus.

Ich muß nach Möglichkeiten suchen, meine vorhandenen Fähigkeiten und Talente noch besser und sinnvoller einzusetzen, dann erlebe ich meine persönliche Erfüllung.

115
Ich lerne anzunehmen

Um erfolgreich zu sein, bin ich auch bereit, anzunehmen.

Dabei geht es zwar nicht unmittelbar, aber im Grunde doch um Geschenke, die ich erhalte.

Lernen anzunehmen, setzt in mir die Bereitschaft voraus, zu glauben. Nämlich daran zu glauben, daß der Mensch ein vollkommenes Wesen ist, das nur durch die Erfahrungen des Lebens glaubt, unvollkommen zu sein.

Lernen anzunehmen heißt also, bereit zu sein, neue Fähigkeiten, Talente, neues Bewußtsein in mir aufsteigen zu lassen und anzunehmen.

In mir schlummern alle Voraussetzungen, die ich brauche, um meine Lebensaufgabe zu erfüllen. Je mehr ich meine Aufgabe erkenne, um so mehr Fähigkeiten werde ich entdecken und entwickeln, und je mehr Talente ich entdecke, um so besser werde ich meine Lebensaufgabe erkennen und dann auch erfüllen.

Es ist ein gegenseitiges Fördern und Entwickeln, das in meinem Bewußtsein stattfindet und zu größerer Selbstentfaltung und Erfüllung führt.

116
Ich bin bereit zu geben

Als erfolgreiche Persönlichkeit nehme ich nicht nur an, was auf mich zukommt, sondern ich bin auch bereit, selbst zu geben.

Der finanzielle Aspekt ist dabei nur eine von vielen Möglichkeiten. Viel wesentlicher dabei ist, daß ich bereit bin, anderen meine Erfahrungen weiterzugeben, um ihnen Umwege auf ihrem Erfolgsweg zu ersparen.

Aber auch dabei gibt es Unterschiede. Wenn ich versuche, anderen mein Wissen und meine Erfahrungen aufzudrängen, so ist das möglicherweise gar nicht erwünscht und stößt auf Ablehnung.

Ich gebe also nur an die Menschen etwas weiter, die wirklich von sich aus interessiert sind, die die Informationen richtig einordnen können und die auch praktisch etwas daraus machen.

Damit ist mein Weitergeben sinnvoll, denn ich kann damit anderen tatsächlich helfen und missioniere nicht nur, um mit meinem Wissen zu prahlen.

117
Ich kann verzeihen

Auf meinem Weg zu einem erfüllten Leben kann ich nicht nur anderen, sondern auch mir selbst verzeihen.

Dieses »Mir-selbst-Verzeihen« ist besonders wichtig, denn es wird auch Tage geben, an denen ich mich selbst nicht so positiv sehe und erlebe, wie ich es im Grunde möchte.

Es wird Tage geben, an denen ich bei meinem abendlichen Blick in den Spiegel nicht mit »ja« antworten kann, wenn ich mich frage: »Habe ich heute mein Bestes gegeben?«

Anstatt zu zweifeln und mich mit Vorwürfen selbst zu überhäufen, ist es gerade jetzt notwendig, mich so zu mögen, so anzunehmen, wie ich heute eben bin. Es ist dann wichtig, mir selbst zu bestätigen, daß ich dennoch von mir überzeugt bin.

Ich verpflichte mich aber dabei gleichzeitig, am nächsten Tag durch geistige und persönliche Disziplin alles zu tun, um einen erfolgreichen Tag zu erleben und eine positive Bilanz ziehen zu können.

118
Ich bestimme mein persönliches Wachstum

Die Seele ist ein wesentlicher Teil meiner Persönlichkeit. Immer mehr Menschen und darunter auch führende Naturwissenschaftler kommen zu dieser Erkenntnis.

Meine persönliche Entwicklung ist kein Zufall, sondern ein systematisches Streben meiner Seele. So wie sich die Natur ständig wandelt und entwickelt, so gilt dies auch für mich als Teil der Natur.

Mit meinem menschlichen Bewußtsein habe ich aber nicht nur ein Stück Intelligenz erhalten, sondern auch große Verantwortung. Nämlich die Verantwortung, wie ich meine eigene Entwicklung hindere, geschehen lasse oder fördere.

Je nachdem, wie ich mich verhalte, so bestimme ich mein persönliches Wachstum. Bin ich optimistisch und mutig, so erhalte ich größere Chancen im Leben, als wenn ich ängstlich und zaghaft bin.

Jeder Mensch, und so auch ich, bekommt die Aufgaben im Leben gestellt, die ihn in seiner Entwicklung am besten fördern. Auch wenn diese Aufgabe nicht immer angenehm sein sollten, sie dienen meinem persönlichen Wachstum, und deshalb erfülle ich sie gern.

119
Ich vertraue mir selbst

Durch mein wachsendes Bewußtsein erkenne ich immer deutlicher, daß mein Verstand nur die Summe aller Eindrücke beinhaltet, die ich seit meiner Geburt von außen aufgenommen habe.

Mein Verstand hat dabei ein eigenes Wertsystem aufgebaut. Ich bin aber nicht mein Verstand, sondern der Verstand ist Teil von mir. Allerdings ist mein Verstand so clever, daß er versucht, mich zu beherrschen – am liebsten ein Leben lang. Dies hieße dann, mein Verstand wäre mein wahres Selbst, und dem ist nicht so.

Wenn ich mich selbst also immer besser entdecken und erkennen will, so muß ich mich von meinem logischen Verstand lösen und all das, was er für gut oder böse, schön oder häßlich, angenehm oder unangenehm hält, in Frage stellen. All diese Bewertungen sind eine Interpretation meines eigenen Verstandes.

Wie die Dinge sind, erfahre ich nur dadurch, daß ich nicht meinen Verstand urteilen lasse, sondern mein wirkliches Selbst.

120
Ich habe innere Sicherheit

Als erfolgreiche Persönlichkeit erkenne ich, daß alles, so wie es war, gut für mich war, um zu erkennen, was ab heute gut für mich ist.

Mein Verstand hat jahrelang für mich interpretiert. Bis zu diesem Moment, wo ich erkenne, daß mein Verstand nur dazu beigetragen hat, jetzt intuitiv zu erkennen, was wirklich gut und richtig für mich ist.

Sicher wird sich mein Verstand noch oft einmischen und wehren, aber er macht es nur zu meiner weiteren Entwicklung und solange, bis meine innere Sicherheit groß genug geworden ist.

Dann entscheide ich für mein Leben nicht mehr aus dem Verstand, sondern aus meinem Selbst. Und ich erkenne immer mehr, daß alles im Leben seinen Sinn hat – für mich selbst, für die Beziehung zu anderen Menschen, für die ganze Erde.

Es geschieht nichts, was nur für mich ganz persönlich von Bedeutung ist. Alles, was mir geschieht, ist auch für andere von Bedeutung und umgekehrt. Ich bin offen, um zu erkennen, worin der Sinn für mich besteht, denn die Welt ist der Spiegel für mein Leben.

5. Kapitel
Das Geheimnis guter Beziehungen

Haben Sie sich im letzten Kapitel intensiv mit sich selbst beschäftigt, Ihr Bewußtsein für sich selbst weiter entwickelt, Ihr Selbstvertrauen gezielt gestärkt? Dann haben Sie eine wichtige Grundlage geschaffen, um gute zwischenmenschliche Beziehungen haben zu können. Denn wichtigste Voraussetzung dafür ist die gute Beziehung zu uns selbst.

Ein wesentliches Geheimnis in guten, wertvollen Beziehungen, sowohl im privaten, wie auch im geschäftlichen Bereich, liegt also in unserer Persönlichkeit. Und in dem Maße, wie wir unsere Persönlichkeit entwickeln, entwickeln sich auch fast automatisch unsere Beziehungen.

Und je besser wir uns selbst kennen und akzeptieren, mit all unseren Stärken, aber auch Schwächen, um so mehr sollten wir auch bereit sein, andere Menschen ebenfalls so zu akzeptieren wie sie sind – ohne sie nach unseren Vorstellungen verändern zu wollen.

Wenn Sie einen einfachen Grundsatz von Goethe beherzigen, dann wird es Ihnen leicht fallen, Ihre Beziehungen nicht nur quantitativ, sondern auch qualitativ zu verbessern.

**Wer die Menschen so behandelt, wie sie sind,
der macht sie damit schlechter.
Wer aber die Menschen so behandelt, wie sie sein
könnten, der macht sie damit besser!**

121
Ich schaffe gute Beziehungen

Als erfolgreiche Persönlichkeit habe ich gute Beziehungen! Auch darunter kann man zweierlei verstehen. Zum einen die guten, nützlichen Kontakte, und zum anderen gute, allgemeine zwischenmenschliche Beziehungen.

Gute Kontakte zu anderen erfolgreichen Personen können wirklich sehr wertvoll sein, solange, und das ist ein Geheimnis für gute derartige Beziehungen, sie nicht einseitig sind.

Gute Kontakte muß ich pflegen. Und die beste Pflege besteht nicht darin, selbst möglichst oft von diesen Kontakten zu profitieren, sondern in einem ausgewogenen Verhältnis von Geben und Nehmen.

Habe ich gute Kontakte zu erfolgreichen Menschen? Wenn es ruhig mehr oder bessere Kontakte sein könnten, dann frage ich mich: »Was habe ich anderen Menschen zu bieten?« Und auch wenn ich nichts Außergewöhnliches zu bieten habe – ich habe mich!

Als erfolgreiche Persönlichkeit bin ich immer interessant, und deshalb arbeite ich an mir!

122
Ich arbeite nicht gegen, sondern mit anderen

Erfolg ist, mein Leben nach meinen eigenen Wünschen und Vorstellungen zu gestalten, ohne jedoch, und das ist besonders wichtig, anderen dadurch zu schaden.

Schade ich einem anderen dadurch, daß ich mein Bestes gebe, um zum Beispiel eine berufliche oder geschäftliche Position zu erreichen, die auch ein anderer erreichen will?

Sicher nicht, solange ich ihn nicht absichtlich in seinen Bemühungen hindere. Daß ich nur dann beruflich erfolgreich sein kann, wenn ich gegen andere bin, ist zwar noch immer ein weit verbreiteter Glaube, der aber in Wirklichkeit längst überholt ist.

Ich kann sehr erfolgreich sein, wenn ich nicht gegen andere, sondern mit anderen und für mich und meinen Erfolg arbeite.

Ich achte heute darauf, nicht gegen andere zu arbeiten, sondern sie zu fördern, wo es nötig ist, und im übrigen konzentriere ich mich heute darauf, Dinge zu tun, die mich meinem eigenen Vorstellungsbild von Erfolg näherbringen.

123
Ich bin in Frieden und Harmonie

Äußerer Unfriede mit meinen Mitmenschen ist nur eine Auswirkung von innerem Unfrieden in mir. Inneren Frieden und Harmonie zu finden, hängt von zwei Hauptfaktoren ab.

Zum einen ist es notwendig, daß ich den Menschen, mit denen ich in Unfrieden bin, ehrlich verzeihen und vergeben kann, was sie mir scheinbar angetan haben, auch wenn es noch so schlimm ist.

Auch wenn es mir nicht leicht fällt, es ist wichtig, daß ich verzeihe, denn der Stachel sitzt in meinen eigenen Gefühlen, er verursacht in mir den Zorn oder Haß und niemals im anderen.

Und zum zweiten ist es ebenso notwendig, mir selbst zu verzeihen. Auch wenn es seltsam scheint, aber ich muß mir selbst verzeihen können, wenn ich anderen etwas Unangenehmes zugefügt habe oder auch nur negative Gefühle aufgebaut habe.

Ich kann mir und anderen verzeihen und finde dadurch inneren Frieden und Harmonie.

124
Ich gönne auch anderen Erfolg

Neid ist in zweierlei Hinsicht sehr interessant. Zum einen bremst mich Neid, den ich auf den Erfolg anderer habe ganz erheblich, denn mit jedem neidvollen Gedanken signalisiere ich meinem Unterbewußtsein, daß zum Beispiel Erfolg etwas Negatives ist. Alles, was ich anderen nicht gönne, und das ist ja Neid, gönne ich mir damit selbst unbewußt am allerwenigsten.

Die Lösung ist also, daß ich anderen Menschen möglichst viel Erfolg gönne, denn damit schaffe ich mir die geistige Grundlage, um selbst viel Erfolg zu haben.

Und damit beginnt der zweite Aspekt des Neids. Denn je mehr Erfolg ich habe, desto mehr Neider werde ich haben, weil die wenigsten Menschen ahnen, was sie sich damit antun.

Als erfolgreiche Persönlichkeit weiß ich, daß Neid nur ein Zeichen persönlicher Unzufriedenheit ist, und daher gönne ich anderen Menschen ihren Erfolg, bin frei von Neid und verurteile auch die Neider nicht.

125
Ich achte auf meinen äußeren Eindruck

Warum ist es so wichtig, daß ich stets einen guten ersten Eindruck auf andere Menschen hinterlasse?

Nun, viele Menschen machen sich nicht die Mühe, einen zweiten Eindruck zu gewinnen. Sie stempeln Menschen je nach subjektiver Einschätzung einfach ab.

Angenommen, ich müßte aus 100 Äpfeln 10 wirklich gute aussuchen und ich hätte dafür auch nur fünf Minuten Zeit. Worauf würde ich mich verlassen? Sicher auch auf den Eindruck, den die Äpfel auf mich machen und auf mein Gefühl. Ob die Äpfel wirklich gut sind, das merke ich erst hinterher, wenn ich in einen reinbeiße.

Was passiert, wenn mein erster äußerer Eindruck nicht positiv ist und bei mir keiner anbeißen will? Dann falle ich entweder aus dem Rennen, oder ich muß erst noch beweisen, daß ich doch der Richtige für diesen Job oder diese Aufgabe bin, und das kostet Zeit.

Ich achte daher darauf, daß mein äußerer Eindruck meine innere positive Einstellung auch richtig widerspiegelt.

126
Ich kritisiere nicht

Ich verzichte darauf, andere Menschen für ihr Verhalten zu kritisieren.

Wenn mich am Verhalten anderer etwas stört, so hat das ja nichts mit dem anderen zu tun, sondern mit mir selbst. Denn ich mag dies oder jenes nicht, mich stört dies oder das.

Wenn ich also jemanden kritisieren möchte, dann frage ich mich erst einmal selbst: »Warum stört mich dieses Verhalten des anderen?«

Je öfter ich mir diese Frage stelle und beantworte, um so klarer wird mir auch die folgende Aussage: »Kritik sagt nichts über den, der kritisiert wird, aber sehr viel über den, der kritisiert.«

Zum besseren Verständnis gleich nochmal: »Kritik sagt nichts über den, der kritisiert wird, aber viel über den, der kritisiert.«

Diese Form der Kritik hat allerdings nichts damit zu tun, wie ich in beruflichen Situationen mit unbefriedigenden Ergebnissen umgehe.

Heute achte ich darauf, wo ich versucht bin, das Verhalten anderer zu kritisieren, und dann verzichte ich darauf.

127
Ich sende Ich-Botschaften

Wenn Kritik nicht zu vermeiden ist, dann richte ich sie jedoch nicht gegen die jeweilige Person, sondern auf die Sache.

Kaum ein Mensch produziert vorsätzlich negative Ergebnisse, denn das steht im Widerspruch zu unserer innersten Natur.

Wenn ich nun mit bestimmten Leistungen unzufrieden bin und die Person deshalb kritisiere, dann unterstelle ich damit eine negative Absicht.

Anstatt zu sagen: »Das haben Sie falsch gemacht«, sage ich: »Das Ergebnis entspricht nicht meinen Erwartungen.«

Wenn ich also etwas verändern und verbessern möchte, dann achte ich darauf, daß sich meine Aussage immer nur auf das Ergebnis bezieht und eine sogenannte Ich-Botschaft beinhaltet.

Ich spreche also von meinen Eindrücken, ohne andere anzugreifen oder zu verletzen.

128
Ich höre mehr, als ich sage

Als erfolgreiche Persönlichkeit bemühe ich mich, doppelt soviel zu hören wie ich selbst spreche.

Als deutlichen Hinweis, mich so zu verhalten, habe ich auch von der Natur zwei Ohren, aber nur einen Mund erhalten.

Ein guter und aufmerksamer Gesprächspartner zu sein, lohnt nicht nur im Verkauf. Da die meisten Menschen zuviel reden, falle ich allein schon dadurch positiv auf, daß ich mehr höre als sage. Und das, was ich sage, muß in jedem Fall besser sein, als wenn ich geschwiegen hätte.

Bevor ich zu einem Thema, in dem ich mich nicht so gut auskenne, etwas sage, überlege ich mir gut, ob das, was ich sagen will, für meinen Gesprächspartner auch wirklich interessant ist.

Wenn ich nach einer Bemerkung zu mir sagen muß: »Hätte ich nur geschwiegen, dann wäre ich weise geblieben!«, dann kann ich nur noch daraus lernen, es beim nächsten Mal auch wirklich besser zu machen, und genau das trainiere ich heute.

129
Ich interessiere mich für andere

Kommunikation ist eine Kunst. Doch so wie die Kunst mancher Maler, so wird auch Kommunikation oft mißverstanden. Es geht nicht darum, selbst möglichst gekünstelt und möglichst viel zu erzählen, sondern eher gekonnt zu fragen.

Ich kann mit meiner Frage die Sache ansprechen oder den Gesprächspartner in den Mittelpunkt stellen.

Frage ich: »Wie hat es denn geklappt?«, so steht bei der Frage die Sache im Mittelpunkt.

Frage ich aber: »Wie haben Sie denn das gemacht oder geschafft?«, dann hebe ich den Menschen hervor.

Nichts macht uns in den Augen anderer interessanter, als wenn wir ihre Leistungen erkennen und uns dafür interessieren.

Als erfolgreiche Persönlichkeit interessiere ich mich auch für die Leistungen und Erfolge anderer.

130
Ich gebe ehrliche Anerkennung

Mit Lob und Anerkennung gehe ich allen Menschen gegenüber großzügig um. Jeder Mensch, und scheint er vor Selbstvertrauen noch so zu strotzen, freut sich über Anerkennung.

Entscheidend im richtigen Umgang mit Anerkennung ist, daß sie
a) ehrlich gemeint ist und
b) nicht übertrieben überschwenglich verteilt wird.

Es ist besser, drei Menschen ehrliche und angemessene Anerkennung zu geben, als einen einzelnen geradezu damit zu überschütten. Ich mache mit meiner Anerkennung auch bei den Menschen nicht Halt, die weit erfolgreicher sind als ich. Bei ihnen glauben die meisten, daß sie Anerkennung nicht mehr nötig hätten.

Und genau das Gegenteil ist daher meistens der Fall.

Ich mache es mir zur positiven Gewohnheit, anderen Menschen die Anerkennung, die ich empfinde, auch offen und ehrlich auszusprechen.

131
Ich bleibe bei den Tatsachen

Als erfolgreiche Persönlichkeit sage ich stets die Wahrheit.

Kleine Notlügen sind bei dieser Einstellung ebenfalls ausgeschlossen, auch wenn sie allgemein als akzeptiert gelten. Wenn ich in manchen Situationen die Wahrheit sage und in anderen die Unwahrheit, so gebe ich erstens meinem Unterbewußtsein kein klares Bild von mir, und zweitens gerate ich selbst in zweifelhafte Gefühle.

Ich sage stets die Wahrheit. Da manche Wahrheit für andere auch schmerzlich sein kann, kommt es natürlich auch auf meine Fähigkeit an, die Dinge positiv ausdrücken zu können.

Ein weiterer guter Grund, lieber stets bei der Wahrheit zu bleiben, ist mein Gedächtnis. Je öfter ich Geschichten, Ausreden oder Rechtfertigungen erfinde, desto besser muß mein Gedächtnis sein, damit ich mir gut merken kann, wem ich was erzählt habe.

Nichts ist unangenehmer, als dabei ertappt zu werden, wie ich meine eigenen Geschichten durcheinanderbringe. Also bleibe ich bei den Tatsachen und bei der Wahrheit. Und darauf achte ich heute ganz besonders.

132
Ich fördere andere

Auf ihrem Weg zum Erfolg fördere ich auch andere Menschen gerne.

Ich überlege mir dabei aber gut, wen ich fördere. Das hat nichts mit Hochmut zu tun, sondern mit Verantwortung.

Wenn ich auf Menschen einwirke und versuche, ihnen meine Gedanken und guten Absichten aufzudrängen, so kann es sein, daß sie gar nicht daran interessiert sind.

Oder sie sind daran interessiert, aber verstehen vielleicht manches nicht, weil ihnen andere Voraussetzungen dafür fehlen.

Ich bin bereit, andere zu fördern, und zwar die, die mit dem Wunsch nach Unterstützung auf mich zukommen und nicht die, von denen ich meine, daß sie es dringend nötig hätten.

Ich dränge mich mit meiner guten Absicht nicht auf, sondern ich bin bereit zu helfen, wenn ich gefragt werde. Und je mehr ich bereit bin, anderen behilflich zu sein, um so mehr wird mir geholfen werden, wenn es notwendig ist.

Heute achte ich darauf zu erkennen, wer mich ernsthaft bittet, und fördere ihn.

133
Ich sehe gut aus

Mein gepflegtes Äußeres erleichtert es mir, gute Beziehungen zu knüpfen.

Platon, ein griechischer Philosoph, kleidete sich stets sehr ordentlich und korrekt. Eines Tages wurde er von einem Gammelphilosophen, die es schon damals gab, deshalb angepöbelt.

Platon antwortete gelassen: »Ist es nicht ehrenvoller, den Menschen einen erfreulichen Anblick zu bieten, als sie durch mein Äußeres zu erschrecken?«

Nichts spricht gegen bequeme und legere Kleidung. Aber auch da gibt es einen Unterschied. In vergammelten Klamotten herumzulaufen, heißt noch nicht, einen legeren Lebensstil zu pflegen, sondern eher, sich gehenzulassen.

Kann ich es mir wirklich erlauben, meinem Unterbewußtsein solche Bilder zu zeigen?

Wie sehe ich mich als erfolgreiche Persönlichkeit? In welcher Kleidung, Umgebung, Atmosphäre, mit welchem Gefühl? Dann stelle ich mich ab jetzt darauf ein.

134
Ich spreche in Bildern

Im Umgang mit anderen spreche ich eine klare und möglichst bildhafte Sprache.

Ich habe es nicht nötig, durch gekünstelte Ausdrücke den Anschein zu erwecken, daß ich besonders gebildet bin. Außerdem kann ich nicht sicher sein, daß alle Anwesenden meine besondere Form der Sprache so verstehen, wie ich es gemeint habe.

Daher spreche ich möglichst in Bildern. Bilder haben den Vorteil, daß sie zum einen nicht nur über die Sprache in die linke Gehirnhälfte eingehen, sondern als Gedankenbilder auch in die rechte Gehirnhälfte.

Wenn sich Menschen etwas gut vorstellen können, dann deshalb, weil in ihrer Erinnerung ein ähnliches Bild schon vorhanden ist. Was aber, wenn keines vorhanden ist? Dann tut sich der Mensch schwer, der selbst kein Vorstellungsbild zu meinen Erklärungen entwickeln kann.

Deshalb spreche ich in Bildern oder beispielhaften Geschichten.

135
Ich achte auf eine klare und deutliche Aussprache

In den zwischenmenschlichen Beziehungen kommt der Sprache eine ganz besondere Bedeutung zu. Daher achte ich auch auf meine klare und deutliche Aussprache.

Eine Stimme kann bitten, flehen oder auch drohen. Sie kann langweilen, aber auch begeistern. In meiner Stimme, und damit in meiner Aussprache, liegt eine Macht. Diese Kraft funktioniert aber nur dann, wenn ich auch verstanden werde.

Gegen Dialekt ist nichts einzuwenden, solange er sich wirklich in Grenzen hält.

Wenn ich allerdings das Image einer erfolgreichen Persönlichkeit genießen will, dann sollte ich bereit sein, meinen Dialekt abzulegen. Daß mich Freunde und Verwandte verstehen, kann auch daran liegen, daß sie an meinen Dialekt gewöhnt sind.

Verstehen mich aber auch andere erfolgreiche Menschen und schätzen mich richtig ein?

Heute achte ich auf eine klare und deutliche Sprache.

136
Ich beteilige mich nur an positiven Gesprächen

Als erfolgreiche Persönlichkeit beteilige ich mich nur noch an positiven und aufbauenden Gesprächen. Aus anderen Gesprächen ziehe ich mich höflich aber konsequent zurück. Damit tue ich mir selbst den größten Gefallen und meine Ausstrahlung bleibt entsprechend positiv.

Für mein Unterbewußtsein spielt es keine Rolle, ob negative Gedanken von mir gedacht oder gesprochen werden, oder ob ich sie nur höre beziehungsweise in entsprechender Atmosphäre sogar erlebe.

Mein Unterbewußtsein wägt die Summe aller Eindrücke und Impulse ab, und danach richtet sich dann mein Gefühl, meine Begeisterung oder eben meine Unlust.

Ich lasse es nicht mehr zu, daß andere mit ihren negativen Redensarten oder Verhaltensweisen Einfluß auf mich und damit sogar auf meinen Erfolg nehmen.

Ich treffe und unterhalte mich nur mit positiven und begeisterten Menschen.

137
Ich helfe anderen zu erkennen

Auf meinen Weg zum Erfolg bin ich bereit, auch anderen zu dienen und ihnen zu helfen.

Helfen bedeutet nun nicht, daß ich die Aufgaben übernehme, die andere nicht schaffen, denn damit würde ich ihnen nicht wirklich helfen, sondern sie nur kurzfristig vor Mißerfolg bewahren.

Langfristig würde ich mich sogar daran beteiligen, deren Mißerfolg zu vergrößern, denn ich könnte doch nicht überall gleichzeitig sein, um zu helfen. Und was wäre dann mit meinen eigenen Zielen?

Wenn ich um Unterstützung gebeten werde, so sage ich diese gerne in der Form zu, daß ich sage: »Ich helfe Ihnen gerne, Wege zu erkennen, wie Sie Ihre Aufgabe lösen können.«

Damit lasse ich die Verantwortung und das Erfolgserlebnis beim anderen. Denn jeder Ratschlag ist nicht nur ein Rat, sondern oft auch ein Schlag auf das Selbstwertgefühl des anderen.

Und ich werte andere Menschen nicht ab, sondern auf.

138
Ich urteile nicht

Als erfolgreiche Persönlichkeit urteile ich nicht über andere Menschen und deren Leben. Weder ihre Persönlichkeit, noch ihre Lebensumstände sind für mich Anlaß zu Kritik.

Wenn ich einen Menschen sehe oder erlebe, der sich in meinen Augen unverständlich verhält, so heißt dies ja, daß ich ihn nicht verstehe. Um ihn aber wirklich verstehen zu können, müßte ich sein ganzes Leben genau kennen.

Ich kenne jedoch nicht einmal mein eigenes Leben genau, denn die entscheidensten Jahre meines Lebens habe ich nicht bewußt genug erlebt, nämlich die ersten Monate. In ihnen liegen viele Ursachen für mein eigenes späteres Verhalten.

Wer gibt mir also das Recht, über das Leben oder das Verhalten anderer ein Urteil zu geben?

Gerade dann, wenn ich andere nicht verstehe, bemühe ich mich darum, großzügig zu sein und zu überlegen, welche Erfahrungen dieser Mensch vielleicht gemacht hat, daß er jetzt so handelt.

Als erfolgreiche Persönlichkeit bin ich geduldig und verständnisvoll.

139
Ich sehe die anderen positiv

Andere Menschen behandle ich nicht so, wie sie tatsächlich sind, sondern so, wie ich sie gerne hätte.

Behandle ich die Menschen so, wie sie wirklich sind, dann mache ich ihnen damit ihre Fehler oder negativen Eigenschaften noch mehr bewußt, und das gefällt kaum jemandem.

Behandle ich hingegen die Menschen so, wie sie in meinen Augen sein sollten, dann stelle ich damit ihre positiven Eigenschaften oder Stärken heraus und hebe damit ihr Selbstwertgefühl.

Da alle Menschen das Grundbedürfnis zum positiven Verhalten haben, setze ich einen positiven Kreislauf in Schwung, der mich selbst mit einschließt.

Heute behandle ich meine Mitmenschen, als wären sie bereits so, wie ich sie mir wünsche.

140
Ich zeige Gefühle

Darf ich als erfolgreiche Persönlichkeit Gefühle zeigen? Aber ja. Und das gilt hoffentlich in erster Linie für Freude, die man mir ruhig ansehen darf, wenn ich besonders gut gelaunt und fröhlich bin. Gefühle offen zu zeigen ist im Gegensatz zu früher heute ein Zeichen persönlicher Stärke.

Außerdem freue ich mich auch gerne mit anderen über deren Erfolge und zeige das auch deutlich. Ich brauche meine Gefühle nicht zu verstecken, denn das Unterdrükken von Gefühlen ist für meinen Körper unnatürlich und damit ungesund.

Und besonders ungesund ist das Unterdrücken von negativen Gefühlen. Auch hier heißt die Devise »heraus damit«, aber mit der richtigen Vorgehensweise, nämlich mit sogenannten Ich-Botschaften. Also ich teile offen mit, worüber ich mich ärgere, was ich als unangenehm empfinde, oder welche meiner Erwartungen nicht erfüllt wurde. Aber auch Freude, Sympathie, Glück bringe ich zum Ausdruck.

Heute zeige ich meine positiven Gefühle!

141
Ich prüfe ständig mein Verhalten

Erhalte ich von anderen Menschen Hinweise auf mein Verhalten, so bin ich dankbar dafür.

Ich betrachte derartige Hinweise nicht als Kritik, sondern als wirklichen positiven Freundschaftsdienst. Denn nur ein wirklicher Freund ist doch daran interessiert, daß ich noch erfolgreicher werde. Und wer weiß, vielleicht würde ich denselben Fehler noch jahrelang so begehen, würde mich niemand darauf aufmerksam machen.

Solche Hinweise, seien sie persönlich oder geschäftlich, sind vielleicht nicht immer angenehm, aber sie sind die Herausforderung, ständig an mir selbst zu arbeiten und zu trainieren, um morgen wieder besser zu sein als heute und damit meinen Erfolg zu vergrößern.

Um jedoch nicht darauf zu warten, daß ich entsprechende Hinweise erhalte, überprüfe ich mein Äußeres und mein Verhalten laufend selbst.

Ich mache es mir zur Gewohnheit, mich vor dem Verlassen der Wohnung vor dem Spiegel zu fragen: »Möchte ich mit diesem Menschen gerne zu tun haben?«

142
Ich gebe mir selbst Anerkennung

Als erfolgreiche Persönlichkeit fühle ich mich so, als wäre ich der wichtigste Mensch auf dieser Erde.

Aber ich behandle andere Menschen stets so, als wären sie die wichtigsten und erfolgreichsten. Um andere Menschen ehrlich und aufrichtig für mich zu gewinnen, muß ich sie auch wirklich schätzen und sie das spüren lassen.

Und wenn ich von jemandem etwas möchte, ob Hilfe oder auch nur einige Tips, dann ist derjenige in dem Moment ja auch wirklich der wichtigste für mich. Und so, wie ich mit anderen Menschen umgehe, so gehen sie mit mir um.

Das heißt ich bekomme von anderen die Bestätigung, daß ich wichtig und erfolgreich bin, wenn ich Ihnen das Gefühl gebe, daß sie wichtig und erfolgreich sind. Jeder Mensch braucht, wenn vielleicht auch nicht vor anderen, so aber zumindest für sich selbst, Anerkennung.

Und damit ich selbst anderen großzügig Anerkennung geben kann, trainiere ich, mich selbst positiv und erfolgreich zu sehen und mir selbst Anerkennung zu geben.

Ich bin der wichtigste Mensch in meinem Leben.

143
Ich nehme die Menschen wie sie sind

Ich nehme die Menschen so, wie sie sind – denn es gibt keine anderen. Wenn ich erkannt habe, daß ich mit all meinen Stärken, aber auch Schwächen einzigartig bin und daß es gut so ist, dann gilt dies auch für andere Menschen. Daher akzeptiere ich auch andere Menschen in ihrer Einzigartigkeit.

Nachdem sie mit all ihren Stärken und Schwächen genau so ideal geschaffen sind wie ich, warum stören mich dann oftmals gewisse Dinge an anderen?

Das, was ich an anderen Menschen mag oder nicht mag, sind Hinweise und Wegweiser für mich, um mich selbst besser zu erkennen. Und deshalb sollte ich auch andere Menschen so annehmen, wie sie sind. Denn sie spiegeln nur mein eigenes Wertsystem, meine eigene Denkweise wider.

Mit der richtigen Einstellung wird so jeder Mensch zu einem Partner, der unbewußt zu meiner Persönlichkeitsentwicklung beiträgt.

144
Ich höre hin

Im Gespräch mit anderen bin ich ein aufmerksamer und interessierter Hörer.

Aufmerksam verfolge ich die Aussagen meiner Gesprächspartner, um genau herauszuhören, was sie mir wirklich mitteilen wollen. Nicht alle Menschen sind sehr geübt und geschickt im Reden, und daher brauchen manche eben viele Worte, um zu erklären, was sie meinen. Deshalb ist es notwendig, sie ausreden zu lassen und mir ein genaues Bild von ihren Wünschen zu machen.

Ungeduld und ins Wort fallen bringen keine Zeitvorteile, denn die Chance, ins Diskutieren zu geraten, wird nur größer.

Ich höre aufmerksam und geduldig hin und frage lieber, ob ich alles richtig verstanden habe, bevor ich selbst antworte.

Mein geduldiges und aufmerksames Hinhören bringt mir auch das Image, ein höflicher und intelligenter Mensch zu sein, der andere Menschen gut versteht.

145
Ich sage, was ich erwarte

Daß ich meine eigenen Erwartungen klar und deutlich ausspreche, sorgt für bessere zwischenmenschliche Beziehungen und erspart mir und anderen Enttäuschungen.

Enttäuscht bin ich nämlich nur dann, wenn etwas nicht so eintrifft, wie ich es erhofft oder erwartet hatte. Die Frage ist nur, ob die anderen, die meine Erwartungen erfüllen sollten, auch die Chance dazu hatten, indem sie wirklich wußten, was ich erwarte.

Die Mißverständnisse zwischen Menschen entstehen nämlich nicht durch die Unzulänglichkeit der Sprache, sondern durch deren unzulängliche Anwendung untereinander.

Sage ich nicht eindeutig, was ich erwarte, so überlasse ich damit anderen die Wahl für mich. Nur wenn ich genau sage, was ich will, habe ich auch die Chance, daß ich bekomme was ich will.

Ich habe den Mut, meine Erwartungen offen auszusprechen.

146
Ich stelle gezielte Fragen

Nicht wer redet, bestimmt die Richtung eines Gespräches, sondern der, der fragt. Als erfolgreiche Persönlichkeit lenke ich deshalb Gespräche dadurch, daß ich selbst möglichst wenig rede, aber dafür gezielte Fragen stelle.

Eine gezielte Frage wirkt im Kopf wie ein Wegweiser, der alle Gedanken sofort in die Richtung der Frage lenkt, um nach entsprechenden Antworten zu suchen.

Viel Reden hingegen führt dazu, daß der Verstand des Gesprächspartners ständig damit beschäftigt ist zu überprüfen, ob das, was ich sage, richtig ist, positiv ist, ihm gefällt oder ihm hilft.

Sobald er einen Gegensatz zu seiner Meinung entdeckt, entsteht automatisch Widerstand und der Drang, zu widersprechen. Bevor ich also auf diese Weise herausfinde, wie der andere denkt, frage ich doch lieber gleich.

Wir haben zwei Ohren, aber nur einen Mund, damit wir doppelt soviel hören, wie wir selbst reden.

Denn wer redet, der sät, und wer fragt, der erntet.

147
Ich diskutiere nicht

Wenn ich etwas sage, dann muß es zumindest besser sein, als wenn ich schweigen würde.

Egal, wieviele Menschen eine Diskussion führen, ich selbst sage nur dann etwas dazu, wenn ich damit wirklich einen guten Beitrag leisten kann.

An Diskussionen, die nur geführt werden, um Meinungen darzulegen, ohne jedoch produktive Ergebnisse zu bringen, beteilige ich mich nicht.

Philosophische Erörterungen über Recht und Unrecht auf dieser Welt bringen noch keine Veränderungen.

Und sollte ich nach meiner Meinung gefragt werden, so kann ich zum Beispiel antworten: Ich halte solche Gespräche dann für besonders sinnvoll, wenn sie klären, was die Diskutierenden bereit sind praktisch zu tun, um etwas zu verbessern.

Besonders die, die mit den Verhältnissen unzufrieden sind, sollten nach dem Grundsatz handeln:

Nicht die Dunkelheit beklagen, sondern ein Licht anzünden!

148
Ich lerne von anderen

Als erfolgreiche Persönlichkeit beobachte ich nicht nur mein eigenes Denken und Handeln sehr genau, sondern ich beobachte und lerne auch aus den Worten und dem Handeln anderer.

Es ist gar nicht so wesentlich, ob mir die Aussagen oder das Verhalten anderer Menschen gefallen, denn die kann ich ja auch kaum ändern.

Viel wichtiger ist, was ich daraus entnehmen und lernen kann. Lenke ich zum Beispiel meine ganze Aufmerksamkeit darauf, in welcher Form jemand etwas sagt, so erfasse ich womöglich den Sinn der Worte nicht richtig. Oder achte ich zu sehr darauf, wie jemand etwas tut, so erkenne ich nicht mehr was er tut.

Die Sprache ist zwar für meine eigene Wirkung auf andere Menschen sehr wichtig, jedoch sollte ich bei anderen nicht auf die Sprache, sondern auf den Inhalt achten.

Wenn ich will, so kann ich von allen anderen Menschen etwas lernen, egal wie sie sind oder was sie sind. Denn das, was ich erkenne und lerne, liegt ausschließlich nur an mir.

149
Jeden Tag fröhlich sein

Wenn ich, auch wenn ich es nicht wollte, einen anderen Menschen verärgere, so kann ich sofort um Verzeihung bitten, ohne lange zu zögern.

Und wenn mich jemand verärgert hat, so bin ich in der Lage, schnell zu vergeben und zu vergessen. Unabhängig davon, ob derjenige mich um Verzeihung gebeten hat oder nicht.

Meine und anderer Menschen Lebenszeit ist viel zu kostbar, als daß es sich lohnt, auf irgend etwas oder irgend jemand sauer zu sein. Jeder Tag, an dem ich nicht fröhlich bin, ist ein verlorener Tag. Jeder Tag, an dem ich unglücklich bin, läßt mich doppelt altern.

Aber jeder Tag, an dem ich fröhlich und glücklich bin, der macht mein Leben und sogar das Leben anderer reicher. Denn indem ich fröhlich bin, gebe ich anderen Mut und Zuversicht, ihr Leben ebenfalls fröhlich zu leben.

Heute verzeihe ich sofort.

150
Ich brauche die anderen

Ein Beispiel für die richtige Einstellung unseren Mitmenschen gegenüber will ich heute mit einer kleinen Geschichte erzählen.

Ein Philosoph beschäftigt sich ein Leben lang mit der Frage, wie es wohl im Himmel und in der Hölle zugehen mag. Natürlich kann er keine Antwort finden. Die Frage beschäftigt ihn aber so, daß er nach dem Tode Petrus an der Himmelspforte bittet, ihm doch zuerst einen Einblick in die Hölle und dann in den Himmel zu gewähren.

Petrus erfüllt den Wunsch, und der Philosoph sieht in der Hölle riesige Räume, an üppig gedeckten Tischen sitzen Menschen, die aber sehr mager sind und mißmutig dreinblicken, da sie versuchen müssen, mit einem Löffel mit sehr langem Stiel die Köstlichkeiten zum Munde zu führen.

Als er in den Himmel blickt, ist das Bild ähnlich, nur sind die Menschen fröhlich und wohlgenährt. Bei genauerem Hinsehen entdeckt der Philosoph, daß sie ebenfalls die langen Löffel in Händen halten, nur mit einem Unterschied: Sie haben gelernt, sich damit gegenseitig zu füttern.

6. Kapitel
Herausforderung zum Erfolg

Positiv zu denken, und die Gesetzmäßigkeiten des Erfolgs richtig anzuwenden heißt nicht, daß nun nur noch wünschenswerte Dinge in Ihrem Leben geschehen. Erfolgreiche Menschen haben in Ihrem Leben sogar mehr Herausforderungen, als erfolglose. Nur eben mit dem Unterschied, daß sie gelernt haben, diese Herausforderungen anzunehmen und zu meistern.

Dem, der stets versucht, den Weg des geringsten Widerstandes zu gehen, der geht dafür den längeren Weg. Und der, der sich selbst keine Herausforderungen sucht, den stellt das Leben immer wieder vor neue Aufgaben.

Ähnlich wie in der Schule haben wir zwei Möglichkeiten. Entweder freiwillig zu lernen und damit unsere Ergebnisse selbst zu bestimmen. Oder das lernen und akzeptieren zu müssen, was andere für uns vorgesehen haben.

Das Geheimnis am Erfolg ist, daß er, abgesehen von der erforderlichen Konsequenz im Handeln einen außergewöhnlichen Preis hat. Einerseits erscheint er sehr gering. Andererseits muß er für viele auch wieder viel zu hoch sein, sonst würden sie ihn doch bezahlen. Das besondere am Erfolg ist, daß uns niemand dazu zwingt, denn:

Erfolg ist freiwillig!

Sind Sie bereit, Ihren Preis tagtäglich zu bezahlen?

151
Neue Wege zum Erfolg

Als erfolgreiche Persönlichkeit bin ich bereit, neue Wege zu gehen, um noch erfolgreicher zu werden. Denn wer immer nur das tut, was er schon kann, der wird auch immer das bleiben, was er schon ist.

Was heißt das für mich persönlich? Das will ich mir heute bewußtmachen und danach handeln.

Wieviele gute Ideen sind mir vielleicht deshalb wieder entfallen, nur weil ich Angst davor hatte, Neues, Ungewohntes zu tun. Wieviele Chancen, die ich im nachhinein erkannt habe, konnte ich nicht nutzen, nur weil ich nicht den Mut hatte, zumindest mit einem Bein über meinen eigenen Schatten zu springen?

Wenn ich mir das bewußtmache, dann wächst auch meine Motivation zum Handeln! Und mit jeder neuen Aufgabe lerne ich wieder etwas hinzu und fördere somit meine eigene Persönlichkeit.

Heute gehe ich neue Wege bei der Erledigung meiner Tagesaufgaben und sorge gleichzeitig dafür, daß ich möglichst viel Spaß am Erfolg habe.

152
Ich reife und wachse

Ich reife und wachse mit den Herausforderungen des Lebens. Reife ist ein Vorgang, der nicht kurzfristig erfolgt, sondern seine Zeit braucht.

Am besten sehen wir das bei Obst. Es braucht seine Zeit, bis ein Apfel reif ist, und es braucht eine Summe an Erfahrungen, bis eine gewisse menschliche Reife erreicht ist, so wie der Apfel eine Anzahl Sonnenstunden braucht, um zu reifen.

Reife läßt sich nur scheinbar beschleunigen. Wenn wir Obst zu früh ernten oder die Reife künstlich beschleunigen, so stellen wir nur fest, daß Aroma und Süße zu gering sind. Zur Reife gehören also auch Geduld und Ausdauer.

Vor allem Ausdauer, um auch dann noch begeistert meine Ziele zu verfolgen, wenn der Erfolg auf sich warten läßt, weil auch er heranreift.

Das ist auch der Grund dafür, daß mir manche Erfolge geradezu in den Schoß fallen, während andere sich nur zäh entwickeln.

Heute übe ich Geduld und gebe den Dingen die Chance, sich zu entwickeln.

153
Ich nutze mein Potential

Heute tue ich wieder etwas für meine ganz persönliche Entwicklung.

Immer wieder ist zu lesen, daß ein Durchschnittsmensch nur 10 Prozent seiner tatsächlichen Fähigkeiten nutzt. Bei dem einen oder anderen mögen es 12 oder vielleicht sogar 15 Prozent sein. Aber es ist, gemessen an meinen Möglichkeiten, eine extreme Verschwendung, die nur deshalb so besteht, weil ich selbst mein Potential nicht aktiviere.

Damit mir das noch deutlicher wird, brauche ich mir nur vorstellen, ich hätte ein Auto mit 100 PS, von denen ich aber stets nur 10 Prozent zum Fahren nutze!

Was wäre, wenn ich meine geistigen PS einfach verdoppeln, vielleicht sogar vervielfachen könnte? Wie würde mein Leben dann aussehen?

Die meisten Menschen haben keine schlechten Voraussetzungen für ihren Erfolg, sondern nur eine schlechte oder mangelhafte Vorstellung davon.

Ich weiß jedoch, was für mich Erfolg bedeutet und nutze ab heute mein zusätzliches Potential für meinen Erfolg.

154
Ich bin ein Unternehmer

Bin ich ein Unternehmer? Vielleicht nicht in dem Sinne, wie das Wort meistens benutzt wird, zum Beispiel als Industrieunternehmer oder Handelsunternehmer.

Allerdings ist die Frage, ob ich nicht doch, gemessen an meinen persönlichen Möglichkeiten, ein größerer Unternehmer bin als mancher Großunternehmer es zu sein scheint.

Unternehmer kommt nämlich von »etwas unternehmen« im Gegensatz von »unterlassen«. Sobald ich aufhöre zu unternehmen, höre ich auf, Unternehmer zu sein. Ich bin dann vielleicht noch Verwalter meines Erfolgsbestandes. Die Frage ist, wie lange funktioniert das?

Wenn ich mir überlege, was eine kleine Ameise, gemessen an ihrem Gewicht in Bewegung bringt, so kann ich mir gut vorstellen, daß ich bei optimaler Nutzung meiner Fähigkeiten selbst Großartiges leisten kann.

Spätestens ab heute betrachte ich mich als erfolgreicher Unternehmer, der bereit ist, all seine Fähigkeiten in die Gestaltung der Zukunft zu investieren.

155
Erfolg hat seinen Preis

Bin ich bereit, den Preis für meinen Erfolg zu bezahlen? Alles im Leben hat seinen Preis und ganz besonders mein persönlicher Erfolg. Er fordert den höchsten Preis, nämlich die ständige Selbstüberwindung, denn dieser Erfolg ist freiwillig.

Zu diesem Thema gibt es ein kurzes Gedicht:

Ich handelte Jahre meines Lebens
um des Erfolges billigsten Preis,
doch ich hoffte zu lange vergebens,
wie ich erst heute weiß.

Träume, Hoffnung und Illusion
waren mein tägliches Brot,
doch all mein Sehnen nach Lohn
brachte nicht mehr als ein Lot.

Schaue ich heut auf mein Leben,
und so schließt sich wieder der Kreis,
das Leben hätte mir alles gegeben,
hätte ich nur gezahlt den Preis.

Als erfolgreiche Persönlichkeit weiß ich, welchen Preis ich für meinen Erfolg zu zahlen habe, und ich bin auch bereit dazu.

156
Ich habe eine Erfolgsdefinition

Was sind die richtigen Erfolgsvoraussetzungen, und wie schaffe ich sie mir?

Eine der wesentlichen Voraussetzungen, um mich erfolgreich fühlen zu können, ist zu definieren, was für mich Erfolg bedeutet, damit ich auch dort ankommen kann.

Ich brauche mir bloß bewußt zu machen, was stärker motiviert, wenn ich sage, ich habe den ganzen Tag gearbeitet, oder wenn ich sagen kann, ich habe große Ziele erreicht. Immer dann, wenn wir ein konkretes Ziel erreichen, fühlen wir uns bestätigt, wenn wir uns nur beschäftigt haben, dann fühlen wir kaum Erfüllung.

Um Umwege auf meinem Weg zum Erfolg zu vermeiden und möglichst schnell meine Ziele zu erreichen, mache ich mir ganz konkrete Vorstellungen von meinem Ziel, so daß ich als erfolgreiche Persönlichkeit stets von mir sagen kann:

Ich weiß genau, was Erfolg für mich bedeutet, und habe eine klare Vorstellung von meinen Zielen.

157
Ich mache das Gewöhnliche außergewöhnlich gut

Um erfolgreich zu sein, brauche ich nichts Außergewöhnliches zu tun. Ich brauche nur das Gewöhnliche außergewöhnlich gut machen.

Schon diese Einstellung und Verhaltensweise macht andere Menschen auf mich aufmerksam. Und mein Image, das Gewöhnliche außergewöhnlich gut zu machen, sorgt dafür, daß im positiven Sinne über mich gesprochen wird. Daraus entstehen für mich neue Kontakte und neue Empfehlungen.

Um das Gewöhnliche außergewöhnlich gut zu machen, achte ich besonders auf die unbedeutenden Kleinigkeiten am Rande. Erfolg besteht häufig aus der Summe unbedeutender Kleinigkeiten.

Werden sie vernachläßigt, entsteht Mißerfolg. Werden sie aber so wie von mir außergewöhnlich gut erledigt, so entsteht daraus das Image einer erfolgreichen Persönlichkeit.

158
Ich baue meinen Erfolgsweg aus

Als erfolgreiche Persönlichkeit nutze ich jeden Stein, den man mir in den Weg legt, um meinen Weg zum Erfolg damit zu pflastern.

Ich achte nicht darauf, was derjenige, der den Stein gelegt hat, damit bezweckt, sondern ich konzentriere mich nur darauf, was ich daraus machen kann.

Während also andere damit beschäftigt sind, mir Steine zuzuwerfen und damit ihre Energie vergeuden, baue ich meinen Erfolgsweg immer fester aus.

Im Grunde kann ich also dankbar dafür sein, wenn mir Steine in den Weg gelegt werden, denn sie machen meinen Weg nur sicherer.

Außerdem erkenne ich immer deutlicher, daß ich auf dem richtigen Weg bin, wenn andere mich gewaltsam davon abbringen wollen. Aber während andere Steine suchen, baue ich Erfolgswege und komme meinem Ziel immer näher.

Solange ich innerlich davon fest überzeugt bin, daß mein Ziel das richtige ist, gehe ich unbeirrt meinen Weg.

159
Ich bin konsequent

Sicher gibt es bei all den Erfolgstips auch Hinweise, bei denen ich zu mir sagen kann: »Das habe ich schon mal gehört.«

Habe ich diese Hinweise auch schon so verinnerlicht, daß ich zu mir sagen kann: »Das weiß ich?«

Und kann ich bei den Punkten, die ich weiß, auch zu mir sagen: »Das mache ich auch konsequent so?«

Nun, niemand soll durch unsere Tips zu einem Erfolgsautomaten werden, denn unsere Devise lautet »Spaß am Erfolg«. Und dazu gehört neben der Freude am Training und den damit verbundenen Fortschritten auch die Möglichkeit, den Erfolg zu genießen.

Also frage ich mich als erfolgreiche Persönlichkeit: »Was wende ich heute wieder konsequent an, um meinen Erfolg zu trainieren, und was mache ich heute ganz bewußt, um meinen Erfolg zu genießen?«

160
Ich investiere in meine Entwicklung

So, wie die meisten Menschen entweder freiwillig oder aufgrund des Gesetzes für ihre Rente sparen und damit in die Sicherung ihrer Zukunft investieren, so investiere ich durch die Entwicklung meiner Persönlichkeit in meine eigene Zukunft.

10 Prozent der Zeit, die ich für meinen beruflichen Erfolg aufwende, investiere ich nun laufend in meine persönliche Entwicklung und meine Weiterbildung.

Ich höre einige sagen: »Dafür habe ich keine Zeit!«

Das klingt wie der Waldarbeiter, der keine Zeit hatte, seine Axt zu schärfen und deshalb doppelt so lange zum Bäumefällen brauchte, wie seine Kollegen.

10 Prozent meiner Zeit zur Verbesserung meiner eigenen Qualifikation investiert, bedeutet, daß ich in den restlichen 90 Prozent der Zeit vermutlich sogar mehr schaffe als vorher in 100 Prozent.

Als erfolgreiche Persönlichkeit investiere ich sinnvoll in mich und damit beginne ich jetzt.

161
Erfolg und Familie

Wie erlebe ich das Nebeneinander von Beruf und Privatleben?

Ist es überhaupt ein harmonisches Zusammenspiel oder ist mein berufliches Engagement so stark, daß kaum Privatleben übrigbleibt?

Als erfolgreiche Persönlichkeit sind Beruf und Privatleben weder ein Nebeneinander oder Nacheinander, sondern ein Miteinander.

Es funktioniert nur scheinbar, daß ich Defizite in einem Bereich im anderen ausgleichen kann. Entweder habe ich die Struktur einer erfolgreichen Persönlichkeit eingeprägt oder nicht, und das gilt für beide Lebensbereiche gleichermaßen.

Durch meine beruflichen Erfolge kann ich mein Privatleben so gestalten, wie es mir gefällt. Andererseits fördern meine privaten Wünsche und Ziele auch wiederum meine Leistungsfähigkeit im Beruf.

Heute mache ich mir die Zusammenhänge für mich selbst deutlich und überlege mir, wie ich Beruf und Privatleben noch besser verknüpfen kann, um dadurch mehr zu erreichen.

162
Ich ändere, was ich ändern kann

Als erfolgreiche Persönlichkeit beherzige ich ganz besonders den Spruch von Franz von Assisi:

»Herr gib mir die Kraft, die Dinge zu ändern, die ich ändern kann, die Gelassenheit, die Dinge hinzunehmen, die ich nicht ändern kann und die Weisheit, beides voneinander zu unterscheiden.«

Auch aus diesem Text geht klar hervor, daß an erster Stelle immer das Tun steht. Nämlich zu versuchen, aus jeder Situation das Beste für sich zu machen. Wenn mir dies nicht im gewünschten Maße möglich ist, dann sollte ich versuchen, die Gegebenheiten zu ändern. Und nur dann, wenn ich erkennen muß, daß es nicht in meiner Macht steht, die Dinge zu ändern, erst dann ist Gelassenheit angesagt.

Es geht aber auch nicht darum, unbedingt alles zu ändern, nur weil es so schön ist, in erster Linie soll es auch sinnvoll sein.

163
Entscheidend sind meine Taten

Als erfolgreiche Persönlichkeit bin ich nicht ständig dabei, mich darauf vorzubereiten, bald ein besseres, schöneres oder erfolgreicheres Leben zu leben, sondern ich beginne jetzt sofort damit.

Der direkte Weg zu diesem Leben sind meine Taten, denn die füllen mein Leben aus. Solange ich nur in Gedanken lebe, daß sich nun bald einiges ändern wird, solange lasse ich mir selbst gar nicht die Chance, daß es sich jetzt schon ändert!

Was tue ich jetzt? Macht es mein Leben schöner, reicher, lebenswerter? Oder lenkt es mich von meinem wahren Leben ab?

Natürlich achte ich bei meinem Tun darauf, daß alle Erfolge Teilziele sind, die mich meinem großen Ziel näherbringen.

Aber durch meine Taten lebe ich jetzt. Und die Summe meines Lebens besteht nicht aus der Anzahl der Jahre, die ich lebe, sondern aus den Taten, die ich in diesen Jahren vollbringe!

Welche besondere Tat vollbringe ich heute, um aus diesem Tag einen besonderen Tag werden zu lassen?

164
Ich vergrößere meine Lebensqualität

Welche Qualität haben mein Leben, meine Beziehungen, mein Erfolg?

Eine vielleicht ungewöhnliche Frage, wenn ich sie mir so direkt stelle, aber dennoch eine Frage, die zum Denken anregen sollte.

Läßt sich Lebensqualität überhaupt messen? Sicher nicht mit herkömmlichen Methoden oder Vergleichen. Aber den Versuch einer Definition können wir doch machen.

Ist Lebensqualität zum Beispiel das Verhältnis von erbrachter Leistung zu gewonnener Lebensfreude, unter gleichzeitiger Berücksichtigung der Interessen anderer?

Ob ich mich mit dieser Definition identifiziere oder nicht, ist nicht so wichtig. Wichtig ist nur, daß ich eine eigene Erfolgsdefinition habe und mein Leben danach ausrichte, und zwar so, daß die Qualität für mich und andere dabei zunimmt.

Als erfolgreiche Persönlichkeit habe ich eine konkrete Vorstellung von meiner individuellen Lebensqualität und bin dankbar für das Erreichte.

165
Ich kann auch nein sagen

Für viele Menschen bedeutet es noch immer Unfreundlichkeit oder Ablehnung, wenn sie ein nein zu hören bekommen. Deshalb macht sicher die Art und Weise der Absage eine Menge aus.

Und um nein zu sagen, bedarf es sicher mehr Mut und innerer Kraft als nur ja zu sagen. Ich habe den Mut, nein zu sagen, wann immer ich es für erforderlich halte.

Wenn ich erkenne, daß die Übernahme bestimmter Aufgaben oder Verpflichtungen dazu führen würde, daß andere Projekte oder meine persönlichen Ziele darunter leiden, dann ist es Zeit, nein zu sagen.

Ich habe nicht nur das Recht, in solchen Fällen nein zu sagen, sondern auch die Pflicht, da ich meinen anderen Aufgaben und mir selbst gegenüber Verantwortung habe. Nur wer verantwortungslos handelt, übernimmt mehr Aufgaben und Verpflichtungen, als er erfüllen kann.

Wenn ich nach sorgfältiger Überprüfung einer Angelegenheit freundlich aber dankend nein sage, dann beweise ich damit Kompetenz, Stärke und Verantwortungsbewußtsein.

166
Ich meistere mein Leben

Ich weiß, daß mein ganzes Leben ein Wechselspiel zwischen Erfolg und Erfahrung ist, und empfinde daher Tiefpunkte nicht als ungerechtes Schicksal, sondern als eine Möglichkeit, daraus zu lernen und persönlich daran zu wachsen.

Würde ich versuchen, mich vor der Lösung dieser Herausforderungen zu drücken, so müßte ich damit rechnen, daß ich immer wieder in solche oder ähnliche Situationen kommen würde. Solange, bis ich bereit oder sogar gezwungen wäre, sie doch zu lösen.

Bei schwierigen Situationen bleibe ich also ruhig und gelassen, denn auch bisher habe ich alle Situationen meines Lebens erfolgreich gemeistert. Die Frage ist also nicht, ob ich es wieder schaffe oder nicht, sondern die Frage ist nur, wie ich es schaffe.

167 Ich treffe klare und schnelle Entscheidungen

Als erfolgreiche Persönlichkeit treffe ich klare und schnelle Entscheidungen. Und die Entscheidungen, die ich getroffen habe, zu denen stehe ich und setze sie auch um.

Jedes Zögern und nochmalige Hin- und Her-Überlegen führt nur zur erneuten Unsicherheit. Solange ich keine wirklich neuen Informationen oder Erfahrungen erhalte, arbeite ich an der Realisierung der Entscheidung.

Wenn ich zu einem späteren Zeitpunkt erkennen sollte, daß es noch bessere Lösungen gibt, so erkenne ich das nur dadurch, daß ich an der Verwirklichung meiner Entscheidung gearbeitet habe.

Würde ich noch immer theoretisch nach der besten Lösung suchen, so würde ich praktisch nicht mal die zweitbeste erreichen.

Also, was ist aus meiner jetzigen Sicht die beste Entscheidung für meine Situation? Dann entscheide ich mich jetzt auch sofort, wann und wie ich beginne, diese Entscheidung zu verwirklichen.

168
Ich kann, also tue ich

Nur wer seinen Ideen auch konsequente Taten folgen läßt, wird die Verwirklichung seiner Wünsche und Ziele auch erleben.

Also ergreife ich jede Gelegenheit, um meine Gedanken und Worte in die Tat umzusetzen. Als Bekräftigung präge ich mir ganz fest die Worte ein:

Ich will – also kann ich! Ich kann – also tue ich!

Durch die ständige Wiederholung dieser Aussagen erinnere ich mich laufend daran, nicht nur vom Erfolg zu träumen und darauf zu hoffen, daß ein Wunder geschieht, sondern täglich etwas für meinen Erfolg zu tun.

Ich will – also kann ich! Ich kann – also tue ich!

Jedes Ziel, und sei es noch so groß, ist so realistisch, wie der feste Wille der hinter der Verwirklichung steckt.

169
Ich lebe mein Leben

Ich habe den Mut, mein Leben nach meinen eigenen Vorstellungen zu gestalten und aus den Begrenzungen auszubrechen, die ich mir selbst gesetzt oder die ich akzeptiert habe.

Egal welche Entscheidungen ich für mein Leben treffe, ich muß immer damit rechnen, nie von allen Seiten Zustimmung zu erhalten. Deshalb löse ich mich von den Gedanken, darauf zu achten, es in erster Linie anderen Menschen recht machen zu wollen.

Nachdem mir dies nie hundertprozentig gelingen wird, mache ich es dem einzigen Menschen recht, bei dem ich daran glauben kann, daß ich es schaffe, nämlich mir selbst.

Als erfolgreiche Persönlichkeit träume ich mein Leben und lebe meine Träume. Dies erfordert einerseits den Mut, kühne Gedanken zu entwickeln und die notwendigen Entscheidungen zu treffen, und andererseits die Konsequenz, den Gedanken auch die Taten folgen zu lassen.

170
Mut zu außergewöhnlichen Erfolgen

Der Verlauf der Weltgeschichte wird von Menschen bestimmt, die in den Augen vieler außergewöhnlich sind.

Was unterscheidet diese Menschen von allen anderen? Ihre außergewöhnliche Intelligenz, besondere Begabungen oder Fähigkeiten oder vielleicht Kreativität und Intuition?

Die geistigen Voraussetzungen dieser Menschen sind im Prinzip dieselben wie meine eigenen. Nur mit dem Unterschied, daß sie ihr wirkliches Potential bereits erkannt und genutzt haben. Sie könnten im Grunde alle anderen als außergewöhnlich betrachten, die ihr Potential bisher nicht genutzt haben.

Denn was ich im Leben erreiche, beruht nicht entscheidend auf meinen Erbanlagen, sondern auf der Erfolgsausbildung, die ich im Laufe meines Lebens gemacht habe.

Außergewöhnliche Erfolge entstehen immer dort, wo Gedanken um außergewöhnliche Erfolge kreisen und sich Menschen mit außergewöhnlichen Erfolgen beschäftigen.

Welches außergewöhnliche Ziel, welche besondere Herausforderung wartet auf mich?

171
Mein Weg ist da, wo die Angst ist

Auf dem Weg zum Erfolg bieten sich mir immer wieder mehrere Möglichkeiten, die ich wählen kann. Doch welche ist die beste.

Wenn ich auf meine innere Stimme höre, dann erkenne ich ganz eindeutig: Der Weg ist da, wo die Angst ist.

Die Angst bezeichnet in diesem Fall das Gefühl, das ich habe, wenn meine innere Stimme den richtigen Weg vorschlägt, der jedoch für mich unbequem ist und eine Herausforderung darstellt.

Aber immer dann, wenn ich den Weg der Angst gehe, komme ich nicht nur auf dem kürzesten Weg zum Ziel, sondern ich mache dabei auch die größten Fortschritte in meiner Persönlichkeitsentwicklung.

Dieses freiwillige Annehmen von Herausforderungen erspart mir immer mehr, daß mich das Leben vor Herausforderungen stellt, damit ich in meiner Persönlichkeit wachse.

In Zukunft fällt es mir leicht, eine Entscheidung zu treffen, welche Möglichkeit ich wähle, denn als erfolgreiche Persönlichkeit weiß ich: Mein Weg ist da, wo die Angst ist.

172
Innere Größe und Freiheit

»Ich kann im Leben nur so gut sein, wie ich bereit bin schlecht zu sein.«

Diese Aussage eines bekannten Schauspielers macht mir deutlich, daß ich meine Ziele und mein Tun nicht danach ausrichten darf, was andere möglicherweise über mich denken.

Nur wenn ich bereit bin, mich kritisieren zu lassen und den Mut habe, auch mit einem eventuellen Mißerfolg zu leben, dann bin ich innerlich wirklich so frei, daß ich mich losgelöst von solchen Überlegungen völlig auf mein Ziel konzentrieren kann.

Wenn ich jedoch diese innere Größe und Freiheit erreicht habe, dann wächst damit nicht nur meine Chance, daß ich mein Ziel erreiche, um ein Vielfaches, sondern ich werde auch im umgekehrten Fall als Erfolgs-Persönlichkeit angesehen, die immerhin den Mut hatte, etwas Außergewöhnliches anzustreben.

Und auch wenn ich mein Ziel nicht erreichen sollte, so gewinne ich dadurch sowohl an Erfahrungen als auch an Persönlichkeit.

173
Ich nutze alle Möglichkeiten

Als erfolgreiche Persönlichkeit prüfe ich erst ganz genau die Chancen in meiner jetzigen Aufgabe und Umgebung, bevor ich mich zu neuen Ufern aufmache.

Vielleicht habe ich nur aufgrund meiner falschen Einstellung nicht erkannt, welche großartigen Möglichkeiten ich wirklich habe.

Ein Farmer in Südafrika zum Beispiel hörte eines Tages von Diamantenminen. Sofort verkaufte er seine Farm, um sich in der Nähe der Minen Land zu kaufen und ebenfalls zu suchen. Er hatte anscheinend kein Glück und zog von einer Gegend in die andere, bis er sich eines Tages enttäuscht das Leben nahm.

Der Käufer seiner Farm jedoch entdeckte eines Tages auf dem Feld einen seltsamen Stein, der sich zu seiner Überraschung als Diamant herausstellte. Aus der Farm wurde eine der ergiebigsten Minen.

Bevor ich mich auf die Suche nach einer neuen Aufgabe mache, prüfe ich gut, ob ich in meiner jetzigen wirklich mein Bestes gegeben habe, um erfolgreich zu sein. Und erst wenn ich dies ruhigen Gewissens bejahen kann, mache ich den nächsten Schritt.

174
Ich bin auf Erfolgskurs

Als erfolgreiche Persönlichkeit betrachte ich mein Leben von Zeit zu Zeit mit Abstand, das heißt aus der Vogelperspektive.

Ich löse mich von meinen alltäglichen Dingen, von den Kleinigkeiten, von allem, was mich tagtäglich stört. Wenn ich in der Froschperspektive sitze und immer nur um mich herum die Widerstände oder Schwierigkeiten sehe, dann sehe ich weder mein Ziel, noch erkenne ich den Weg, so wie ein Frosch im hohen Gras.

Deshalb muß ich wieder Überblick gewinnen, ob und wieweit ich auf meinem Erfolgskurs bin.

Ich stelle mir dazu konkret die Frage, losgelöst von meinem täglichen Tun: Was will ich wirklich? Wie soll mein Leben wirklich aussehen? Trägt das, was ich tue, dazu bei, diesem Ziel näherzukommen? Welche Kurskorrekturen nehme ich vor, was ändere ich?

Ich erkenne, daß ich immer wieder neue Motivation erhalte, wenn ich diese Übung von Zeit zu Zeit mache, und außerdem bleibe ich auf dem kürzesten Weg zu meinem Lebenserfolg.

175
Mein Streben nach Vollkommenheit

Eine erfolgreiche Persönlichkeit zu sein, erfordert mehr, als nur meine Pflicht zu erfüllen.

Wenn ich Besonderes erreichen will, muß ich auch bereit sein, Besonderes zu tun, nämlich täglich nach dem Besseren zu streben. Routine und gedankenloses Tun reichen nicht aus, genauso wenig wie nur Fleiß alleine.

Erfolg setzt schöpferisches Denken und Handeln voraus, das heißt, ich erfülle das, was ich tue, in bestmöglicher Form und Vollkommenheit.

Ich gebe das Beste, was ich heute als mein Bestes zu geben vermag. Ich brauche weder besser noch schneller zu sein als andere. Denn ich vergleiche mich nur mit mir selbst und stelle mir täglich die Fragen:

Habe ich heute mein Bestes gegeben. Was habe ich besser gemacht als gestern. Wie kann ich morgen besser sein als heute?

Ich mache es mir zur Gewohnheit, meine eigene Leistung an diesen Fragen zu messen.

176
Ich nutze äußere Widerstände

Je größer der Widerstand ist, den ich zu spüren bekomme, um so größer wird die Motivation, mein Ziel zu erreichen.

Als erfolgreiche Persönlichkeit weiß ich, daß Herausforderungen keine Widerwärtigkeiten des Lebens sind, sondern große Chancen für mein persönliches Wachstum.

Und so, wie Flugzeuge gegen den Wind starten, um dadurch noch mehr und besseren Auftrieb zu bekommen, so nutze auch ich äußere Widerstände, um noch kreativer und somit noch schneller erfolgreich zu sein.

So wie ein Flugzeug habe auch ich am Anfang die ganze Trägheit der Masse zu überwinden und auch eine entsprechend große Vorinvestition zu leisten, bevor ich ans Abheben denken kann.

Wenn ich bereit bin, derartig in meinen Erfolg zu investieren, dann darf ich dafür auch das Beste erwarten. Um für all mein Tun die optimale Motivation zu haben, entscheide ich mich auch nur für das wirklich Beste in meinem Leben und gebe mich mit nichts geringerem zufrieden.

177
Ich steigere mein persönliches Wachstum

So, wie jedes gut geführte Unternehmen laufend vom Gewinn in das eigene Wachstum investiert, so investiere auch ich beständig in meine persönliche Entwicklung.

Ein Großteil der unternehmerischen Investitionen dient dabei nicht der kurzfristigen Erfüllung der Aufgaben, sondern fließt in die mittel- und langfristige Sicherung der erfolgreichen Zukunft.

Übertragen auf mich heißt das, daß ich einen Teil meiner täglichen Arbeitszeit für meine eigene Weiterentwicklung einplane und natürlich auch nutze. Als Faustregel gelten hierbei 10 Prozent. Also bei einem zehnstündigen Arbeitstag sollte mindestens eine Stunde für mich enthalten sein.

Ein Teil dieser Investition wird sich sicher kurzfristig bemerkbar machen. Aber sie dient ebenso wie bei einem Unternehmen der mittel- und langfristigen Zukunftsgestaltung.

Nicht nur, daß ich bei entsprechendem Training meine Aufgaben immer besser und leichter erledige, ich steigere auch meinen persönlichen Wert dadurch.

178
Ich definiere mein Lebensziel

Als erfolgreiche Persönlichkeit setze ich mir nicht nur kurzfristige Ziele, sondern ich definiere auch mein langfristiges Lebensziel möglichst genau.

Dabei lasse ich mich nicht von meinen bisherigen Erfahrungen und Meinungen eingrenzen, sondern beantworte mir nur die Frage, wie ich mir mein Leben in einigen Jahren idealerweise vorstelle.

Ohne Einschränkungen und ohne mir darüber Gedanken zu machen, wie dies möglich werden soll, beschreibe ich meine Vision in möglichst genauen Details.

Wenn ich meine eigene Zukunft auf diese Weise beschreibe, dann setze ich damit schon heute Ursachen, die sich ebenso unauffällig vermehren, wie Zinsen auf dem Bankkonto.

Und schon Ben Gurijon hat einst gesagt: »Wer nicht an Wunder glaubt, der ist kein Realist.«

179
Ich erfülle meine Tagesziele

Auch wenn ich mir sehr große oder langfristige Ziele setze, so brauche ich sie ja nicht auf einmal verwirklichen. Ich stelle mir dabei einfach vor, daß ich mein Leben ganz systematisch aufbaue, wie ein Baumeister, der ein kleines Dorf plant und Haus für Haus errichtet.

Mein unmittelbares Ziel ist das erste Haus. Und dieses erste Haus teile ich ein in Keller, Erdgeschoß, erste Etage und Dachgeschoß. Also in soviele sinnvolle Zwischenziele, daß ich einen guten Überblick über den Fortschritt habe.

Und tagtäglich brauche ich nur dafür zu sorgen, daß wieder eine entsprechende Anzahl Ziegel aufgesetzt werden, also daß ich meine Tagesziele erfülle.

Auf diese Art und Weise sind die Pyramiden in Ägypten entstanden und auch Rom. Ich brauche mich nur an meinen Plan zu halten und konsequent das zu tun, was ich mir vorgenommen habe, und ich werde in drei bis fünf Jahren mehr erreichen, als andere Menschen in ihrem ganzen Leben.

180
Philosophie

Die erfolgreiche Persönlichkeit lebt mit sich in Harmonie. Ihr Glück liegt in innerer Ruhe, geistiger Kraft und Gesundheit. Sie fühlt sich herausgefordert durch ihre täglichen Aufgaben, zugleich geborgen im Familien- und Freundeskreis und anerkannt in einer funktionierenden Gemeinschaft. Sie akzeptiert sich, wie sie ist und die anderen, wie sie sind.

Die erfolgreiche Persönlichkeit ist zufrieden, denn sie erreicht ihre Ziele und verwirklicht ihre Wünsche durch Mut, Tatkraft, innere Sicherheit und Selbstvertrauen. Sie spricht nicht von Sorgen und Problemen, sondern von zu lösenden Aufgaben und Situationen, sie denkt und handelt positiv.

Die erfolgreiche Persönlichkeit ist bereit, ständig an sich zu arbeiten, heute wieder besser zu sein als gestern – nicht als andere – und ihre Zukunft sinnvoll zu gestalten. Sie hat erkannt, daß Erfolg eine Folge ist – die Folge ihres richtigen Handelns.

Durch die Arbeit an sich selbst, durch ihr positives und vorbildliches Verhalten, durch ihre glückliche und zufriedene Ausstrahlung trägt die erfolgreiche Persönlichkeit dazu bei, die Gemeinschaft, in der wir leben, ein kleines Stückchen besser und die Welt ein kleines bißchen schöner zu machen.

Zu den Autoren

Anne Hollwöger und Wolfgang Seils (40) waren viele Jahre in hohen Führungspositionen internationaler Unternehmen tätig und haben dort selbst praktische Erfahrungen mit der Umsetzung des ganzheitlichen Denkens im Vertrieb und im Management gemacht.
Aus ihren persönlichen und beruflichen Erfahrungen haben sie praktische Methoden entwickelt und Gesetzmäßigkeiten des Erfolgs abgeleitet, die sie seit 1986 als Persönlichkeits- und Managementtrainer in offenen und firmeninternen Seminaren vermitteln.
Die »Erfolgstips« sind ursprünglich als zusätzlicher Service für Seminarteilnehmer und Interessenten aus der Philosophie des von ihnen entwickelten Seminarprogramms *Die erfolgreiche Persönlichkeit* entstanden. Es beinhaltet:

* ein viertägiges Intensiv-Seminar in der inspirierenden Atmosphäre ihres eigenen Seminarhotels *La Villa* direkt am Starnberger See,
* begleitendes Seminarmaterial zum individuellen Selbststudium und
* regelmäßige, regionale Workshops zum konsequenten Erfolgstraining.

Wenn Sie ganz gezielt Ihre Persönlichkeit, den wichtigsten Erfolgsfaktor der 90er Jahre trainieren möchten, um dadurch Ihren persönlichen und geschäftlichen Erfolg und Ihre Lebensqualität zu vergrößern, dann fordern Sie ausführliche Seminarinformationen an bei:

WOLFGANG SEILS TRAINING
Eichelbreite 15, D-8137 Berg 2,
Telefon 08151/50233, Fax 08151/50142